欣梦享
ENJOY LIVING

说点有用的

曹丽娇 著

江苏凤凰文艺出版社
JIANGSU PHOENIX LITERATURE AND ART PUBLISHING

图书在版编目（CIP）数据

说点有用的 / 曹丽娇著 . -- 南京 : 江苏凤凰文艺出版社 , 2023.2 （2023.5 重印）
ISBN 978-7-5594-7376-9

Ⅰ . ①说… Ⅱ . ①曹… Ⅲ . ①女性 – 人际关系 – 语言艺术 – 通俗读物 Ⅳ . ① C912.13-49

中国版本图书馆 CIP 数据核字 (2022) 第 233310 号

说点有用的

曹丽娇 著

出 品 人	李亚丽
特约监制	杨 琴
责任编辑	王昕宁
特约编辑	闫雯晰
装帧设计	木南君
责任印制	刘 巍
出版发行	江苏凤凰文艺出版社
	南京市中央路 165 号，邮编：210009
网 址	http://www.jswenyi.com
印 刷	三河市兴博印务有限公司
开 本	880 毫米 ×1230 毫米 1/32
印 张	7
字 数	162 千字
版 次	2023 年 2 月第 1 版
印 次	2023 年 5 月第 2 次印刷
书 号	ISBN 978-7-5594-7376-9
定 价	42.80 元

说话是一个人的修行，

是一生的课题。

序

说话成就了我

自 1998 年考上中国传媒大学（当时叫北京广播学院）播音系到今天，我已经专业说话 24 年了，这 24 年中，我说过不同主题的话，在不同场合里说过话，面对几万人我说过调节气氛的话，面对上百人我说过关于抱负的话，面对上亿受众的直播我说过关于爱国爱家的话。

从国际广播电台辞职后，我创业的内容可以说就是“说话”，我在自媒体中说话，我在社群中说话，我在沙龙上说话，我在大型论坛和演讲上说话，我在短视频中说话，我在直播间说话。

可以说，说话给我带来了一切。说话帮我实现了我的梦想，帮我开拓了我的生活，帮我“链接”了很多超高能的朋友，说话成就了我。

而最让我欣慰的是，我一直秉承一个原则：说有用的话。

说话对人类来说太重要了。

我们通过说话表达自己的诉求，我们通过说话明白彼此的心意。我们通过说话去沟通、去试探、去论证、去确认，我们在说话中明白彼此的心，了解彼此的过往，筹划着自己的未来。

那些互有好感的处在暧昧期的年轻人，通过说话确立了关系，人们把这种说话叫作“表白”。当他们有一天走进婚姻殿堂，把戒指带到对方手上的时候，人们管这样的话叫作“誓言”。当他们生活遇到波折困难，握着彼此的手说“别担心，无论发生什么我都在”，人们管这样的话叫作承诺。如果这段婚姻遇到插曲，他们可能会说出被称作是谎言或者是搪塞的话。有些话会变成争吵，有些话甚至会变成伤害。

但如果人们足够有智慧，有些话又会变成破冰的利器：两个完全不认识的人，可能仅仅通过一两句暖心的话，瞬间变成相见恨晚的朋友。一桩看似完全不可能的生意，可能仅仅因为一两句说到心坎里的话，会一拍即合。

其实，说话是一个人的修行，是一个人的课题，会说话是生活赋予每个人的工具，也是上天赐给每一个人的礼物。

朋友之间哪怕误会再深，只要有一句软话，可能就会立刻化干戈为玉帛；恋人之间哪怕冷战再久，只要有一句软话，两人或许会立刻相拥，再度如胶似漆；历史上曾出现的一些争斗，甚至大的纷争，可能仅仅是因为一句话而起。

祸从口出，福从口出；德从口出，怨从口出；喜从口出，悲从口出；富从口出，穷从口出；赢从口出，输从口出。

我们甚至可以认为这个世界上一切的社会协作，社会行为，说到底都是跟说话密切相关。

我也坚信我们迎来了一个前所未有的全民媒体的时代，人们每天睁开眼睛就进入到说话的语境。

当我们在朋友圈发一句“早上好，今天天气真好”的时候，我们是在跟朋友圈中的每一个朋友说话。我们无论是打车、坐地铁，还是在公司碰到同事、老板、上级，我们其实都进入到一个说话的语境：怎么说？说什么？用什么样的心态去说？用什么样的表情去说？用什么样的语调去说？用什么样的节奏去说？在什么样的场合该说什么话？是全说完还是说一半儿？还是点到即止？

…………

这里面的讲究和学问真的是大了去了。

我跟我很多朋友讲，我其实没什么本事，我脾气很差，甚至可以用倔强、执拗和骄傲来形容，但是我的成长之路绝对称得上顺畅和幸运，我觉得这一切都得益于我会说话。

所以当我们进入媒体时代这样一个风口，会说话的人注定成为更能被看见的人，因为从来没有任何一个时代能够像今天这样，把说话的重要性提升到如此重要的高度。

一个会说话的人，是一个更能掌握话语权的人；

一个会说话的人，是一个更能掌控关系的人；

一个会说话的人，是一个在博弈当中更能占据优势的人；

一个会说话的人，是一个在生意场上更具有主动性的人；

一个会说话的人，就是一个更能赢得这个时代的人。

基于此，我写下了这本《说点有用的》。将我过往 20 多年说话的经验、感悟、感受分享给大家。跟我的第一本书《演讲三绝》相比，这本书不是一本教你站在舞台上宣扬自己思想理念的书，而是一本落地到我们生活中的每一分钟，润物细无声地进入到我们生活中的每一个细节，告诉你如何开口、如何和不同的人说话的书。

一个真正会说话的人，不见得滔滔不绝，但永远占据 C 位。

一个会说话的人，一定是一个会思考的人，一定是一个尊重人的人，一定是一个情商高的人，一定是一个深谙人性的人，一定是一个善良的人，一定是一个温暖的人。

谨以此书送给每一个善良的，温暖着这个时代的人。

我没有太高的期许和野心，我只希望每一个读过这本书的人，无论在什么时候见过谁，说过什么样的话，在他们回家之后再去回味刚刚说的那番话，他们只有欣慰，绝不会有后悔。

这便足够。

丽娇

2022 年 11 月 8 日

目录
CONTENTS

第三章 当你需要说服别人

第四章 线上沟通

第五章 建立链接感

PART 1
认知篇

PART 1

第一章　提升认知，说点有用的

发现你的隐藏优势

每个人都有隐藏优势，平平无奇的普通人也有，找到它，甚至它们，就找到了属于你的成功快车道。

昨天看到一个好玩的小视频，是我老家东北的一对姐弟，弟弟想去北京闯荡，姐姐问他："你凭什么觉得你能去北京闯出一片天地呢？你最大的优势是什么？"

弟弟拍了拍胸脯，豪气地说："我最大的优势就是努力！"

姐姐哭笑不得："可拉倒吧，努力只是基本素质，你去北京打听打听，哪个年轻人不努力，何止努力，你瞅瞅大伙儿都卷成啥样了！”越说越不解恨，她又戳着弟弟的脑门动：“再说了，你没听过‘选择比努力更重要’这句话吗，要是努力就能成功的话，那世界首富就是搬砖的工人，是清早扫街的清洁工，是夜市出摊的小贩了！怎么也轮不到早上10点了还在那旮旯儿睡觉的你吧！”

我就喜欢这种姑娘，东北麻辣味，口条贼顺，人间清醒。

她说的没错啊，努力只是基本素质，要先找到自己的优势，也就是正确的方向，站在你的优势赛道上，然后再玩命努力，才能比别人更容易取得成功。

没有任何看轻搬砖工人、清洁工、小贩的意思，而是我们大多数人，熬夜晚起，多吃少动的，做这种工作根本没有优势，咱不可能干得过人家。

那对我们普通人来说，有什么优势呢？话说优势到底是什么？优势其实就是先天性的技能，就是你不用做任何练习，就比别人做得厉害。

很多人觉得，我好像除了一身毛病，啥优势都没有。

看清现实是对的，适当受点打击是好事，但也不必这么妄自菲薄。其实我们每个人都有天生的优势，有人天赋卓越，不可能被忽略，比如那些音乐家、运动员、舞者、画家等，但我们中的大多数都是普通人，好像啥也不会，甚至唱个歌都跑调。

没关系，即使如此普通的我们，依然会有隐藏优势。比如我，我出身东北小地方，长得不丑但也不美，个子不矮但也不高，肯定不能靠脸吃饭，但我从小就爱说话，喜欢表现自己，在经过刻意的练习和学习之后，谁能想到，我虽然不能靠脸吃饭，但能靠嘴吃饭。

如果你还是不知道自己有什么优势，可以问自己这几个问题：

第一，过去这么多年里，哪件事情我做成功了？

这件事情或许很微小，但对别人来说很难做到，你却很容易做到，这就是你的优势。

比如我在跟人微信聊天的时候，错别字很多，从来不用标点符号，只用空格来断句，但我发现我的助理所有微信沟通都文字准确，标点符号正确运用。某次闲聊的时候，我夸他这件事，他一脸蒙：“啊？这不是很正常吗？”我立马意识到，他根本没意识到文字能力是他的优势之一。

所以我们可以留意一下身边朋友的正面评价，他们夸你的地方，或许正是你的优势。

再深一步思考，我们还可以回忆一个自己表现很棒的故事，来找到自己的优点。比如一次成绩不错的考试，完成一个有意义的项目，或者赢得一场比赛，其中或许就隐藏着你的优势。

第二，有没有一件事，同样条件下我会不自觉比别人更用心？

总有一件事，你在做的时候比别人更容易投入进去，甚至是一件枯燥的事。比如喝咖啡，别人都是喝速溶，稍微讲究点的人买挂耳咖啡，而你却选择不同产地不同口味的咖啡豆，精心挑选功能完备的咖啡壶，每天早上自己煮，甚至带一杯手磨咖啡到办公室，于是你成为办公室公认的咖啡达人，大家想买咖啡时最先想到的就是请教你。

再比如，相比于很多面膜都懒得敷的朋友，你每晚都敷面膜，并已成为多年习惯，不仅如此，你还精心挑选性价比高的不同面膜品牌，你的肌肤白皙滑嫩，其实，在护肤这块，你已经形成自己的优势了。

第三，有没有一件事，同样的回报我比别人更有成就感？

这件事情可能不起眼，比如健身，你比别人更享受大汗淋漓的感觉；比如拍视频，你比别人更喜欢在镜头下的感觉；或者是吃一顿美食，你获得的幸福感更强，能开心半天。

综上，找到这三个问题的答案，这些事情的共性中，就隐藏着你的优势。

如何找到隐藏优势

当然了，所谓隐藏优势，自然是隐藏在我们的日常细节中，没那么容易找到，如果你还是没找到它们，这里还有一个办法：

接下来的 25 天里，无论你做任何事情，只要你感觉到了开心和兴奋，就立刻把它记录下来。连续 25 天之后，你会惊奇地发现，你的天赋就藏在那些让你开心、兴奋且充满激情的事情里。

你也会惊喜地发现，你可能粗心浮躁，但你是个社牛，三个人以上的环境里你就是气氛组组长，那么组织会议、部门沟通时化解矛盾等场景都离不开你；你可能嘴很笨，社恐十级，但心思敏锐，细心沉稳，那么项目方案制定和后期核验肯定是你的强项；或者你虽然看似不着调，但脑洞大，创意多，那么每次头脑风暴都将是你的舞台。

我们明确两件事，首先，每个人都肯定有隐藏优势，别人有的你也一定有；其次，条件允许的话，咱们多试错，多试几次就会知道什么是自己最喜欢的事。

建立适合你的沟通能量场

> 不管你是什么沟通类型，一定要找到适合自己的沟通能量场，用你的节奏去带动沟通对象，这样就更容易掌控沟通的主动权。

我没有想到在 42 岁时竟过上了我小时候不敢想象的精彩人生，有事业，有底气，有安全感，有自己掌控的生活节奏。

真的不是拉仇恨啊，也不是跟别人比，只是跟自个儿比，我还挺满意的。因为我一直希望自己具备三个特质：能量、气质、生活节奏，如今看来，算是达到我自己的要求了。

如何调高能量

我最近发现了一个词，叫作“能量格局观”，真的是非常科学的，明明白白地把一个人的能量给讲清楚了。我一直认为，能量就是影响力，能量就是说服力，能量就是成交力，一个能量高的人，是不容忽视的，他就像太阳一样，把我们这些“行星”吸引到他身边。

我经常问自己：“如何才能调高我的能量？”

经过阅读大量图书，以及反复思考和尝试，我找到了答案，即五个能量公式：

第一个，如果我需要你，你的能量就高，我的能量就低——需要决定能量。

第二个，如果你懂得多，你的能量就高，我的能量就低——知识决定能量，或者叫权威决定能量。

第三个，如果我顺从你，你的能量就高，我的能量就低——地位决定能量。

第四个，我越想证明自己，我的能量就越低——主导权决定能量。

第五个，你越审视我，你的能量就越高——心理落差决定能量。

举个例子，比方说你是一个卖护肤品的店员，客户觉得你卖的东西有点贵，这个时候，如果你说：“我给您解释一下，它其实不贵，因为它采用了 ×× 元素……”我们跳出来看看，你在干吗？你在解释，你在证明你自己，而你越想证明你自己，你的能量越低。那就难以成交了。

那么，同样的问题我们怎么去转换？顾客不是觉得你的护肤品贵吗？你可以这样问她："对啊！可是您知道吗，我们的护肤品虽然最贵，可是卖得最好，您知道是为什么吗？"这个时候，你把一个你知道的问题抛出去，就变成了你懂得比她多，你的能量就高了，就容易成交了。

所以，你们如今看到的朝气蓬勃、能量满满的我，就是这么修炼出来的。我喜欢自己精力充沛的样子，希望每一个不那么自信的人，都能调高能量，热气腾腾。

气质到底是什么

"气质这种东西很奇怪，我们可以认为它是一种能量，也可以认为它是一种状态，虽然看不见摸不着，但是能真实感受到它。"

那到底什么是气质？我认为它是由 4 股不同的气构成的：傲气、书卷气、霸气和贵气。我也一直在从这几方面提高自己。

第一个是傲气。我发现那些有气质的女人，她们都有些傲气，当然不是那种鼻孔朝天、眼睛向下的高傲，而是那种骨子里面散发出来的孤傲的感觉。有气质的女人，绝对不会在见到谁的第一秒钟就满脸堆笑，她会在行为举止中流露出一点点傲气，她有自己的坚守和原则，她知道应该把她的热情给什么样的人，以及在什么时候释放。

第二个是书卷气。腹有诗书气自华，这绝对是真的，一个女人有没有读过书，读了什么样的书，你在她的谈吐、举止、眼神中能一览无遗。谈吐举止是廉价感、高级感，还是书卷气，肚子里有没有学识，是完全不一样的。

而且不同的书会打造出不同的气质。比如说文学类书，会打造那种高贵的、优雅的、浪漫的气质；而那些逻辑类、认知类的书，能够打造一种理性的，甚至有一点小小霸气的气质。不同的书就像不同的食物，在不同的层面滋养着我们的精神世界。

第三个是贵气。注意这个“贵”，它不是俗，贵气和俗气最大的区别就在于：有贵气的女人是不会拿钱去评判这个世界的一切的。比如吃饭时，她聊的是什么？聊的是文化，是感知，是愉悦，她绝对不会聊价，我们从来没听过哪个贵气的女人说：“哎呀妈呀，这要多少钱啊？”因为她不会用利益标价去衡量事物。

最后一个是霸气。这也是我最喜欢的一股气，要我说，气质还要靠霸气去撑。霸气是什么？就是底气，容我直白地说，就是赚钱的能力。

所以说到底，提升气质最核心的动作，还得是提升自己的能力，让自己有实打实的赚钱能力，然后才会有把生活变美好的能力。

不被人打扰的生活节奏

我是个喜欢 Hard 模式的人，每天把自己的工作安排得很满，跟助理做工作计划时，都会细化到每半个小时的工作。不仅如此，我工作之外的时间安排得也很严格。因为我要保证自己以更好的状态来做这份工作，我就要坚持健身；除了职业女性，我还是妻子和妈妈，所以我要保证每周陪伴家人的时间。

而我还是个喜欢分享的人，所以我经常在朋友圈中晒我的抖音后台收入截图、用户夸奖的评论，以及健身后大汗淋漓的照片，或者周末动手做一顿丰富早餐的图片，抑或是晒儿子的暖心视频。当我沉浸在自己的幸福感、成就感中，某天，突然收到一条抖音后台私信，之所以注意到这条私信，是因为它真的很长。

那是一位关注我很久的粉丝发来的，内容虽然很长，意思却很简单，就是不想关注我了，觉得我每天过得太好了，让她觉得自己很失败，感觉被伤害到了，在取关之前，好心来提醒我一下，别那么高调，考虑一下其他人的感受。

说实话，我有点无语，每个人都有追求美好、发光发热的自由，难道为了照顾那些活得不如自己的人，我们就要放弃美好吗？如果真是这样的话，她不应该来要求我，而是该去要求刘强东、俞敏洪、李佳琦等更成功的人啊。

于是，我一笑而过。

而且我更坚信，我清晰地知道什么样的生活节奏最适合我，我不能因为别人的一些无效信息，就受到影响，去盲目调整。我应该集中精力去应对我的生活，让我的工作生活更高效，更愉快。

任何人都不能分散我的哪怕一点点精力，因为我的精力是有限的，只能给最重要的人，给我最想做成的事。

不断修炼以上三方面，你就有了适合自己的沟通能量场，不管是调门高、语速快的“燃”型，还是娓娓道来、慢条斯理的“柔”型，或者是条理清晰、擅长列一二三四的“逻辑”型，找到适合自己的沟通能量场，就相当于掌控了沟通的主动权。

人际交往的底层逻辑

“

人际交往的核心逻辑其实是从对方角度考虑，真心为对方考虑，去解决他的需求，高段位的利己，一定先要利他。

”

我从小就很喜欢观察人，小时候特别喜欢听大人们说话，经常是爸妈和亲朋在一起聊天时，他们聊着大人们的事，没人注意到旁边有一个小小的我，正瞪大眼睛兴趣盎然地看着他们。听他们每个人说话的风格、语气，看他们每个人说话时的表情、肢体动作，都让我觉得特别有意思。长大之后，乃至工作至今，我依然有这个习惯，喜欢观察身边的人，会特别留意别人说话的风格，有哪些让我眼前一亮觉得可以学习的，有哪些让我觉得要避坑的。

我发现，高情商的人都懂得这几个沟通原则，也可以算是人际交往的底层逻辑了。

第一个原则叫作界限感。

我们都知道，人与人之间是有边界的，我们有时候觉得跟一个人相处不舒服，无非就是交浅言深了。当对方提一个“无礼”要求时，你肯定心想：“咱俩关系也没那么近，你跟我说这个干吗？”

还有一种是交深言浅。你跟对方都吃好几次饭了，甚至互赠礼物了，你问一下合同进度，对方还是特别官方地回答：“有消息会通知你。”你肯定心想：“咱俩关系都到这儿了，你怎么还跟我这么搞？”

其实这些都是界限感的错乱。一个高情商的人，能够把界限感把握得极有分寸，既不会让你感觉到跟他很疏离，又不会让你感觉到你侵犯了他个人空间的压力。

第二个原则叫作认同感。

你说有多少人是真的大度呀，你给我提出反对意见，我就觉得是忠言逆耳，是为我好，因此我会喜欢你。说实话，这种人绝无仅有。

所以高情商的人，在对方表达完观点后，首先会表示认同，然后再说 But 或者 And。先让你觉得我认同你的观点，支持你的说法，让你有一个缓冲，然后再给你补充修正。

比如你作为一个职场新人，提了一个天马行空的方案后，高情商的上司可能会这样说：“不错，很有想法，年轻人就是有创意，但是你愿意听听我的一些经验之谈吗，这能让这个方案更快落地。”你一听肯定会狂点头吧。

然后他会说出他的真实看法：“这个方案没有怎么考虑具体执行的难度……预算也超出太多，性价比不高……”

你看，他既没有否定你，又表达了他的看法，你还对他挺佩服，觉得他真是有想法有经验的好上司，对他的意见都听进去了。

第三个原则是坦诚。

对于很多职场新人，甚至心思单纯、心眼不够的“老人”来说，都不太懂得怎么拒绝别人，上司给你分配超负荷工作时，客户提出无理要求时，都不知道怎么接。其实很简单，坦诚就好。既然不会玩花样，那就不玩，把你的想法、顾虑、担心简单直接地说出来，让对方感受到你的坦诚、真诚。

最高端的技巧就是没有技巧。你的真诚就是你最好的名片，你的坦诚就是获取对方理解的最好武器。做不了演员，玩不了城府，那就做一只白白嫩嫩的小绵羊。但是要记住，坦诚的话要完全坦诚，不能只坦诚你的态度，不坦诚你的内心想法。

比如，你不能只说：“对不起，我不能答应你。”这样对方会觉得受到了生硬的拒绝。你可以这样说：“对不起，我不能答应你。虽然我个人特别喜欢你，也非常喜欢你的提议，但我们公司有预算标准，我跟上司申请好多次了，都没通过，我实在没办法啊。我特别担心拒绝你的话，你会生气，但我实在没办法啊！我好难过……”

对方听到你这样的话，大概率不会因为你的拒绝而生气，因为你只是拒绝了这件事，但认可了他这个人。

第四个原则是利他。

利己算是人类的本能之一，但我们要接受一个观点，高段位的利己，一定要先利他。只有从你的沟通对象的角度出发，真心为对方考虑，去解决他的需求，去帮助他、呼应他，才能更好地实现你的目的。

最简单的办法就是，沟通的过程中从对方身上找话题，比如“你的耳环好精致啊，跟衣领的装饰好配，你应该对穿搭挺有想法吧，我这个圆脸买耳环可难了，你觉得我适合什么款式的啊？”看，既夸奖了对方，又引出了对方能聊的话题。

第五个原则是幽默感。

沟通当中的幽默感，其实就是情绪价值。你是不是也特别愿意跟幽默的人在一起？为啥那些笑星、喜剧明星的人缘那么好啊，因为跟他们聊天、沟通的时候能够获得快乐，他们能给沟通对象提供一种情绪价值。

这个太可贵了！因为对方一旦笑了，就会自然而然增加对你的好感，大脑会给他暗示：跟这个人在一起很开心。这就相当于接纳你了，再往下聊什么都容易了。

对于我们普通人来说，可能没什么幽默细胞，跟说相声的、说脱口秀的人没法比，但我们只要记住，保持笑容就能营造一半的效果；另外再多看看相声、脱口秀，记住几个段子，说不定哪天就用上了。

开口说话的六大原则

说话看似简单，其实非常不容易，需要从形体、表情到逻辑、用词，以及共情力、同理心等各方面不断学习和提升，慢慢成为一个会说好听的话、说有用的话的人。

过上了靠“嘴”吃饭的日子以后，很多人会来问我，到底怎么说话才更有魅力，更有气场？其实，说话是一门很广博的学问，三言两语说不清楚，但我既然干这个，那就争取简洁地说一说。

就日常沟通而言，我喜欢既有能量又有亲和力的感觉，我总结了以下几个办法，学习起来很简单：

第一，大家有没有发现，视频里的我总是坐得特别直，其实我平时也这样坐，因为当你坐直的时候，你的气场就自然而然出来了，就能够营造出一种感觉来。

第二，沟通时看对方的鼻子，而不是看眼睛。

很多沟通学的老师可能会告诉你，跟人沟通时要直视对方的眼睛，但是如果你不是特别自信，当你直直地盯着对方眼睛，四目相撞那一刻，你会不由自主地躲闪，反而显得心虚。而如果你注视对方的鼻子，像我们隔着桌子正常沟通的这种距离，对方根本不知道你在看他哪里。再配上你诚恳的眼神和表情，对方肯定以为你在认真倾听，你也不会压力那么大。

第三，用数字和逻辑说话。

跟别人交流的时候，要尝试理清自己的思路，训练自己的逻辑，学会说第一、第二、第三，这样不仅更利于掌控沟通节奏，也让沟通更高效，免得来回说车轱辘话。

第四，一定要简洁，不啰唆。

很多人在沟通时，为了不冷场，会不断说话，尬聊尬笑；尤其是那些口才极好的人，喜欢滔滔不绝，满足自己表达的欲望，忽略了别人听了之后的感受。我的理解是，用最少的词精准表达最多信息，才是好的表达；而且每个人时间都挺宝贵的，没理由陪你聊天；另外，多说多错，真的不用说太多，意思表达明白就行。沟通交流嘛，你一句我一句才是健康良好的沟通氛围。

第五，少用不确定的词。

我发现，那些比较胆怯和不自信的人，他们在沟通中经常会“嗯、嗯、嗯”，且不住点头，其实这时你的阵势就已经输了。倒不是说不能“嗯、嗯、嗯”，我平时说话的时候也会“嗯、啊”，但我的表情是非常淡定的，是正常的沟通反应，而不是不确定，甚至心虚的。

第六，不吝夸奖。

就像谁都不想被否定一样，每个人都喜欢被夸奖。但夸奖这个事吧，也是一门学问，不会夸却生夸的话，搞不好会让对方很尴尬，不知道怎么接。比如我每次回老家，长辈都会夸我“胖了啊，越来越富态了”，我简直无言以对，只能尬笑一下。而懂得怎么夸奖的人，能让对方如沐春风，跟你之间的心理距离马上拉近一大步。

今天教各位一招，可以让你像演讲大师一样，特别生动地表达，这就是五感法，

五感是什么？就是我们的视觉、听觉、嗅觉、触觉和味觉，如果你仅仅用触觉去表达触觉，顶多不出错，很难精妙。我们要用听觉去表达视觉，用视觉去表达嗅觉，就是混着来。举个例子，像朱自清的《春》中说到“花里带着甜味”，那个花，本来是视觉，或者嗅觉的感觉，但是文中用这样的一个味觉去表达花的视觉和嗅觉，让我们一下子就有了更多维的想象，好像真是甜甜的。

应用到日常的夸奖中，可以更简单地理解为多维夸奖、超出预期的夸奖，比如你想夸一个美女，你可以说：“我以为美女都很高冷，没想到你性格这么温和，这么好相处，跟你聊天，我感觉像穿越进了一幅古典名画里，连周围的空气都清新了呢。”

怎么样，谁听到这么三维立体又有创意的夸奖，还能高冷得起来？她肯定莞尔一笑，对你记忆深刻了。

“

”开口说话，貌似和走路一样是谁都会的事儿，其实并不简单，

想要说好听的话、说有用的话是要不断努力学习的；但也不要因为害怕说错话而裹足不前，一定要大胆尝试，保持谦逊、坦诚、利他的姿态和初心，即使不那么完美，也没关系，多练多总结，一定会越来越精进，慢慢成为一个高情商的人。

一定要远离情绪内耗

“

把负面情绪想象成代表快乐、忧伤、愤怒、讨厌和害怕的五个情绪小人，把它们当成自己的五个情绪助理。每当它们跳出来，其实是在保护你，哄哄它们，让它们放心离去。

”

昨天在网上无意中看到一个短视频，是一个年轻的妈妈抱着孩子想要跳楼，最后一刻孩子哭了，她犹疑了，最终被消防战士奋力救下来。而那个妈妈被救之后，紧紧抱着孩子失声痛哭：“宝宝啊，妈妈对不起你……”看得我心疼不已，同为母亲，我深知母爱的分量，那是胜过对自己生命的爱，我不知道她正在经历什么样的人生困境，但隔着屏幕感受到了她天大的绝望。

除了心疼，还引发了我一些关于处理情绪的思考。很多人不知道，生活中 80% 的女人，都不知道该怎么处理自己的负面情绪。当坏情绪来临，她们一般用这三种方法：

第一种是战斗。

你让我不开心，我就让你不开心，咱俩就一干到底，看到底谁能把谁给打服。不得不说，我们东北女性是这种正面刚型的主力人群，能动手就不动嘴，谁怕谁啊！但结果呢，现代社会了，又不是江湖侠客，或者绿林好汉，“谁赢了听谁的”到底是有些幼稚了。

第二种是逃避。

由于不知道该怎么解决负面情绪，有些人干脆选择逃避，不沟通，不合作，玩失踪。这样不但解决不了问题，还把情绪像滚雪球一样越攒越大。

第三种就更可怕了，叫作忍让。

我惹不起你，我还不能忍吗？于是既不敢正面刚，又不敢玩失踪逃避，只能假装接受，默默忍受，把情绪都憋在自己心里。这种方式非常不可取，越来越多的女性罹患乳腺增生、甲状腺增生，不少都是生闷气导致的。

那么问题来了，既然这三种方式都没有解决情绪的问题，正确的解决情绪的方法是什么呢？

一句话就够了，真正理解并做到这句话，我们就能成为情绪的主人，让情绪跟着我们走。这句话很简单：情绪只是你的秘书，只是一个助理。

我解释一下，就是要把情绪拟人化，我是在看《头脑特工队》

这部电影时受到启发，思考并总结出来的。那部电影真的非常有意思，它把我们脑子里的情绪大概分成了五类，即快乐、忧伤、愤怒、讨厌和害怕这五个情绪小人。我们完全可以把那五个小人当成自己的五个情绪助理或情绪秘书。

你要知道大脑对于情绪的反应一定是过度的，它只有夸张一点，才能够让你意识到事情的严重性。比方说，你在教小孩子远离火，你想告诉他火很危险，你一定会让他感觉火很烫，如果烧伤了会很疼，你一定会表现得很夸张，这样才会让小孩子记住，才会保护他不受伤害。

因此我们可以这样想，这些情绪是你的几个没太见过世面的助手，他们总是会对事情产生过激的反应，当他们觉得一件事情超出了你的掌控，对你构成了威胁，他们就会让你愤怒，而你要生气，要吓唬对方，才有可能让自己不受伤害。

当那几个情绪助手感觉到有一件事或有一个人可能会唤醒你内心深处的某一个不好的记忆的时候，他们就会想让你赶紧逃，他们就会吓唬你："这很可怕的，咱们快跑！"

当你明白了这件事情的逻辑，你就可以跟你的情绪助手对话，你可以告诉他："没事，宝贝，我懂了，我知道了，你提醒我的这件事情，你让我伤心 / 难过 / 快乐 / 恐惧 / 害怕的事情，我已经知道了，你现在可以放心走了。”

你看，这样我们就成为情绪的主人了，知道情绪助手为什么来，知道他是夸张的，然后让他离开，把他关在外面，于是情绪的来去就由你自己做决定了。

希望所有女性都能成为自己情绪的主人，特别是为母则强的年轻妈妈们，不要对生活绝望，更不要对自己失望，你可以成为自己的靠山，为自己编织一份愉悦幸福的生活。

心态真的可以改变生活

“

人生中不会有白走的路，那些越是需要你长期坚持的，甚至让你动用“忍受”两个字去做的事情，一定会有巨大的意义，请把“我不得不”改成“我乐意”。

”

曾经看过一个故事，让我印象深刻。故事是这样的：有一个人某天到了一个建筑工地，工人们都在那辛苦地干活呢。他就问了三个工人，他问第一个工人：“你在干啥呢？”这个工人特别不耐烦，他说：“还能干啥，我在这里搬砖砌砖。”

然后他走到第二个工人身边，问：“你呢，你在干吗？”这个工人抬头看了看他，很专注地跟他讲："我在砌一堵墙。"

然后他走向第三个工人，问道："你在干什么？"这个工人态度和前两个人都不一样，他特别激动，充满激情地跟他描述："我在建造一个伟大的建筑，你知道吗？这个建筑会流芳百世，未来住在这里的人一定会感觉到幸福。"

结局当然是 HE（Happy Ending 的缩写，意为美好结局），第三个工人不久后就被上司重用，并不断自学设计专业知识，最后真的成为一名逆袭的建筑设计师。

这个故事很简单，但非常直白地让我们看到，心态是真的能改变生活的。

那三个工人，他们其实在干同样的一件事情，但是不同的人不同的角度，感受就不一样。第一个人感受到了痛苦；第二个人的感受是，这无非就是我的一份工作，我混日子而已；第三个人觉得，他正在做的事情极其有意义。

我们经常说的"境随心转"就是这个意思，和那个同样简单通俗的"半杯水"故事异曲同工，杯子里只有半杯水了，悲观的人说"我只有半杯水了"，但乐观的人会说"我还有半杯水呢"。

为什么心态变了，对于人生的态度也会随之改变？这其实是积极心理学的一个根基。我们要学会这种心态，叫它自我洗脑也好，阿 Q 精神也罢，但真的会让你快乐起来。

所以当你面对一件事情，觉得它日复一日已经让你压力很大的时候，请先把"我不得不"改成"我乐意"。前面讲到的第一个工人就是"我不得不搬砖"，第二个工人是"我愿意搬砖"，第三个工人则是给工作赋予了更大的意义和使命，站在更大的时空观上去看待这件事情。

一定要记得，人生当中不会有白走的路那些需要你长期坚持的，甚至让你动用“忍受”两个字去做的事情，一定会有巨大的意义。只要你做这件事情足够久，你终究会发现，这件事情对你来说真的是价值巨大的。

当你被动接受，你会觉得备受折磨；当你找到兴趣，你就会感觉到快乐；当你为这件事情赋予意义和使命的时候，你就会感觉到完全不一样的动力和愉悦感。

写到这里，让我又想起一个很经典的小故事，两个囚犯望向铁窗，一个看到的是泥潭，另外一个看到的是星星，所以你看到什么，生活就是什么。

“
”

请停止讨好

> 每一个女人，要想活出自己，前提就是先要停止讨好你身边的任何人、任何关系，先去讨好你自己。

不管你承不承认，几乎每个女人都会有讨好型人格，只是或多或少的问题。大多数女人都不敢面对冲突，怕自己人际关系不好；不愿意去拒绝别人，怕对方不喜欢自己；因为害怕被忽视，所以特别需要被关注；老是觉得自己做得不够好，所以需要被肯定。

但是我们都知道，讨好会让人特别疲惫，因为我们为了不把那个“不”字说出口，会把自己累个半死，所以讨好特别像是一个囚笼，把女人困在一个“我好像很好”的假象里。

曾经的我内心深处也会不由自主地讨好，正如我说过很多次的，我出身一般，长相普通，年轻的时候也没见过什么世面，能在 42 岁的时候过上自己想要的生活，我真的幸运又感恩。如今的我，可以很有底气地说，我不会再讨好任何人。

有这个心理上的转变，其实源于一本书的启发，那就是《停止讨好》。书中有一句话深深地打动了我，是这样写的：“我们不应该为了让自己感觉好一点，就去讨好别人，我们对别人好，是因为我们本来感觉自己就很好。”

细品一下这句话，多么有道理。

书中还分析了你为什么是一个讨好型的人，你是怎么一步一步走到、被这个世界教育到要去讨好的程度的；然后会告诉你如何停止讨好，实现你自己的价值，包括如何去培养更多的好奇心，如何去集中注意力，如何深度地接纳你自己，建立自己的自信。

真的让人醍醐灌顶，仔细思考并总结，会修正自己的价值观，让自己的认识更全面，精神世界更开阔。

确实，每一个女人，要想活出自己，前提就是先要停止讨好你身边的任何人、任何关系，先去讨好你自己。

不过说起来容易做起来难，有人会说：“娇姐，你以为我想讨好别人啊，还不是因为同事们孤立我，我想更好地工作，不得不讨好他们，给他们买咖啡、收拾垃圾袋，结果被他们当成理所当然的事，还是孤立我，怎么办呢？”

我的答案很简单，四个要点，希望对这类因为被孤立而不得不讨好的人有所帮助：

第一，千万不要再去讨好他们。

因为好是讨不来的，你越讨好，他们越孤立你，而且不仅孤立你，还会欺负你。

第二，现在开始学会拓展圈子。

你的人生不仅仅是这个职场这么一个地方，对不对？拓展新的圈子，然后在新的圈子里面找到你的价值，找到你的人脉，找到你的资源。

第三，一定要卧薪尝胆，加速进步。

有句话怎么说来着，“今天的你对我爱搭不理，明天我就让你高攀不起！”专心提高业务能力，用实力说话，等孤立你的人某一天发现你成了他们的上司，给他们分配工作和评判绩效时，可能会反过来讨好你呢。

第四，如果以上三点你都做到了，他们还是孤立你，怎么办？当然是离开了。你都已经有了新的圈子，新的人脉，新的价值，新的影响力，而且你已经优秀成这个样子了，你当然有底气直接离开了，干吗要在一棵树上吊死呢？

我真的希望每一个女性都能停止讨好，把自己活出来。虽然对于很多人来说，做到这一点很难，但是一定要提醒自己，把更多的精力放在自己身上，把更多的爱给自己，每天对镜子里的自己说：“你真美，你太棒了！”让自己自信起来。

PART 2
沟通篇

PART 2

第二章　当你需要展示自我

如何高级地介绍自己

> 高级的自我介绍不是千篇一律的“台本”，而是击中对方的痛点，介绍自我的优势，所以，自我介绍的公式是这样的：痛点加价值，再加你是谁。

“大家好，我叫 ××，我来自山清水秀的 ×× 地方，我的家乡盛产 ××。”

“大家好，我叫 ××，我来自 ××，我的兴趣爱好是 ××，很高兴认识大家。”

“大家好，我叫 ××，我为人热情爽朗……”罗列一些性格特质。

我们平时听到最多的自我介绍模板，大概就是这样。

前两天，我想招一个文案助理，一个小姑娘来面试时，她是这样自我介绍的：

“您好！我叫××，毕业于××大学××专业，我特别喜欢跟文字相关的工作，之前在一家广告公司做文案策划，现在想尝试自媒体行业。”

女孩毕业于一所211院校，学历不低，人看上去也很踏实，但她的自我介绍却说得平平无奇，可以说一点也没有打动我。要不是我认真看了她的简历，接着又仔细地提了一连串的问题，我真的极难发现她的优势。这不禁让我感慨，若一个人是一块发光的金子，那么好的自我介绍就是拂去掩盖在金子之上的尘埃，能让人眼前一亮，迅速捕捉到这个人的价值所在。

由此可见，在当今这个时代，能够用新颖独特的方式展示自己，能够在自我介绍时就紧紧抓住对方的注意力，是十分可贵且必须具备的能力。

其实，当你自我介绍时，没有人会关心你是谁，你想想这些跟听的人有什么关系啊？他们压根儿不感兴趣。在我看来，自我介绍是向别人展示自己的一个手段，同时也是认识自我的方式。所以，当你想要让别人更好地认识你时，首先要正确地认识自己。

不过，这里的“认识自己”并不是“叫什么名字”“从哪里来”“到哪里去”“有什么优点”等千篇一律的“台本”，而是要重点思考这样一个问题：我的什么地方最能吸引对方的注意？

“ 所以，最好的自我介绍的公式是这样的：痛点加价值，再加你是谁。”

自我介绍的公式

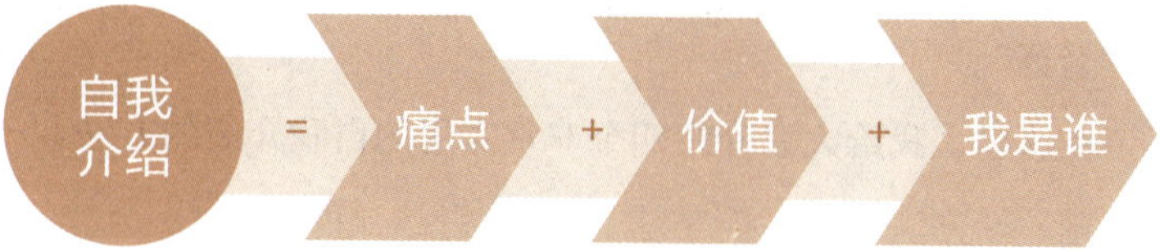

可以仔细地回想一下：自己是否特别惧怕当众讲话，年会上被人突然叫到台上时，会不会大脑一片空白；面试中自我介绍时，是否因自我介绍没有亮点，而无法引起面试官的注意；参加联谊活动时，是否不知道该怎样给大家留下一个深刻而美好的印象。有多少人对自我介绍这件事情特别感兴趣，但是花费了不少时间，找了很多的老师，就是不得要领！

众所周知，我是一位入行 24 年的主持人，在我看来主持人是一个很需要“眼缘”的工作，毕竟主持功底的好坏，很大程度取决于你是否能在一瞬间抓住观众的注意力。诚然，要做到这一点往往与一个人赏心悦目的外形、扎实的专业功底以及语言魅力等基本条件分不开。不过，当大家尚未相互了解的时候，一个亮眼的自我介绍往往就能让对方更快地看到你的魅力，从而拉近彼此之间的关系。

跟大家举个例子，这也是我最常用的一套自我介绍的话术：“我是一个专业说话 24 年的主持人，我是一个用一个小时，就可以让你成为沟通高手的人，我是曹丽娇，认识大家特别开心。”而不是这样的：“我是曹丽娇，我来自东北，我们那块最出名的是干豆腐卷大葱，我们说话都有一股大碴子味。”

不难看出，自我介绍重在有对象感和交流感，要尽量以一种轻松自然的语气去“说”，因此，在自我介绍当中一定要将自己与自己的特点、特色很好地结合起来，千万不要事先写好台词去“背诵”。

在这里，我给大家介绍四个非常实用的自我介绍的方法。

第一个方法，就是拆字法。

我们来看一下，以我的名字曹丽娇为例，这个“娇”字左边是“女”，右边是“乔”，所以，我就会这样讲：“大家好，我是曹丽娇，我在做的是女性成长的事情，我希望可以成为女性独立成长的一个桥梁。”

第二个方法，叫作写字法。

我还是拿这个“娇”字举例好了：“丽娇就是我，我希望可以让所有女性做到骄傲，不娇气，当焦点，不焦虑，如果你想成为一个漂亮从容的人生焦点，那娇姐可以帮你。”

你看，在我这个自我介绍当中，是不是出现了很多个 jiao 字，jiao 字的重复，会加深大家对你的印象。

第三个方法，叫作自嘲。

可以这样说：“你们有没有人和我一样，觉得自己的名字跟性格特别不搭？我自认为是一个女汉子，我的名字丽娇，一听就娇里娇气的，我觉得跟我的性格毫无关系，所以很长一段时间，我都把我的名字写成厉害的厉，辣椒的椒，我觉得那个才是我。其实名字怎么写不重要，怎么解读也不重要，你是谁才比较重要，我就是我，有点厉害，有点辣。丽娇姐，希望你们可以记住我。”

最后一个方法，叫作联想法。

“大家好，我是丽娇，这个名字可能有点难记，但是你们出行一定都会碰到立交桥，对不对？记住立交桥就会记住丽娇姐。没错，我就是那个可以让你的人生更快速，帮助你的人生不拥堵的人生立交桥，号称丽娇姐。”

一开口就把话说得生动

> 说话高手通常都是"不鸣则已，一鸣惊人"，具备一开口就把话讲得生动的能力，还能用讲故事的方式轻松讲道理。

我曾经看过一本书，名叫《4 小时成为主厨》，作者蒂姆·菲利斯曾经说过这样一句话："其实，不只是演讲，我们日常做汇报、开会发言、与朋友们交谈，不必做到完美，只要比其他人说得更好就可以了。"

我无比认同，并一直认为，能一开口就把话说得生动，说得让人爱听，是一种难得的本领。其实，在我们的生活中，总有一些人说起话来似乎带着一股让人无法忽视的魔力，当他们描述某个场景，就像一下子带你身临其境般。那么，我们普通人如何才能把话说得更生动？怎么能够快速地让你的表达跟其他人拉开差距呢？

我有两个好方法，分享给大家：

第一个，加点调味品，去表达一件事。

这种方式会让你的表达跟其他人立刻不一样。这其实是一种演讲的思维。需要给我们的发言加点调味品——“有趣”，同样的内容，别人讲起来平平无奇，无聊得让人想提早退场，可到了你这儿,却能让听众在诙谐幽默中更有兴致地听下去。仅凭“可以让听众觉得有趣”这一点，你就远胜身边 90% 的人了。

第二个，分视角讲述故事。

我们以我某一次上线下情商课时的情形为例，在我看来有三个视角可以看这个事情。一个是以平扫的视角看，就会发现到场的同学，为了提高自己说话的能力，不远千里从祖国各地聚会此地，这说明他们是追求上进的人。

如果我以俯视的视角看，就会发现其中一位特别爱学习的同学，同时我可能会说：“你看，这位同学长得很漂亮，她明明可以靠脸吃饭，但还是很努力地在提升自己。”

然后，我们试着把镜头拉高，再向下看时，就会看到这是一个周末，全职妈妈可能在家里带娃；初入职场的年轻人们，有的人可能正在公司加班，有的人则在家里“刷剧”，而到场的各位选择千里迢迢到北京学习提升自己；此刻的我正在上课，正在和大家讨论“40+ 女人的周末应该怎么过”。

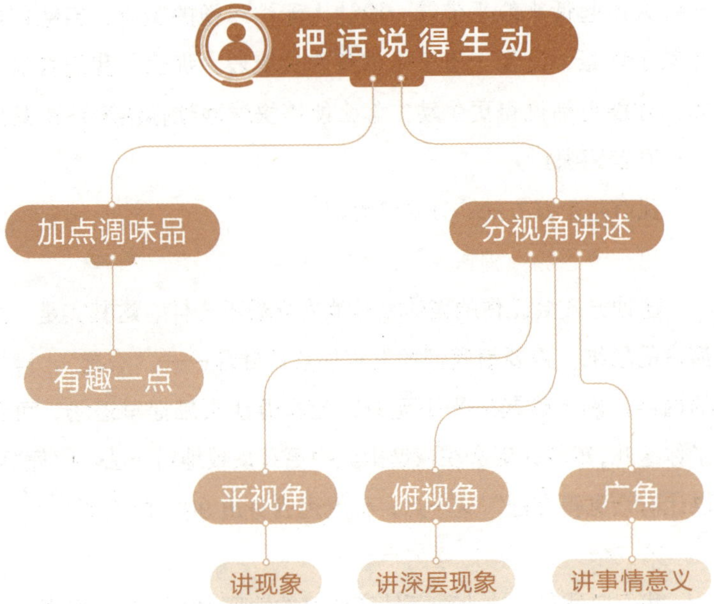

其实，用分视角来讲故事，也可以说是在用显微镜视角，对同一个场景下的每一个人做细致入微的观察，为你的故事提供更多的素材，因为说故事永远胜于讲道理。

我还想到一个异曲同工的名人故事，那就是乔布斯在斯坦福大学毕业典礼上的演讲，距今已过去了十几年，仍然广为流传，被奉为经典。在他的演讲中，没有干巴巴的说教，没有热乎乎的鸡汤，他只是声情并茂地讲了三个关于自己的故事，从他出生后被收养，到大学期间参加美术字课程，到退学，再到后来设计电脑的字体。听众们似乎也随着他的讲述看到了那一个个动人的画面。

如果乔布斯没有讲故事，而是长篇大论讲他的理念，可能这个演讲就不会对人产生什么影响，只会被大众遗忘。

不同的视角会给你提供不同的思路，所以演讲内容重要，但是演讲思路更为重要，想要在众人面前轻松自若地谈笑风生，就得在背后下足功夫。台下做的功课越多,台上的表演就越自如。

如果说脱口秀、演讲面对的是有形的舞台，那么做汇报、开会发言、与朋友们交谈面对的则是无形的舞台。会说话是种技术活，把话说得生动有趣就需要更高的技术。

如何来一场得体的自夸

“

一场得体的自夸，自夸的内容一定要是真实的，自夸的态度也要是真诚的，要注意场合和当下谈论的话题，要有合适的契机自然而然地切入，并且态度谦逊地娓娓道来，这样才会收到我们想要的自夸效果。

”

你的朋友圈里有没有这样的人，每天都在晒自己的“精致生活”，从早上喝的第一杯咖啡开始，到下午吃到的可爱小茶点，一直到晚上带着精致妆容的自拍，文案永远都是一副不知愁滋味的样子，如果有人在下面评论，那这朋友圈的主人倒也会做出一份谦逊且不谙世事的懵懂来。

仔细想一想，别人分享自己生活中的美好并没有什么错，可是有些人的朋友圈真的看得人心里很不是滋味，甚至让人觉得会不会是自己心生嫉妒了。

其实不然，语言的魅力就在于，表达的人和接收的人是存在理解差异的，因此有些人分享自己，秀自己，夸自己，就会令他人十分反感，而有些人同样是展示了自己的优秀，却会让人心生佩服，想要去靠近，去学习，去进入他的生活。

这是为什么呢？我们生活中大部分时刻都是社会性的，如果希望被注意到,那对自己的展示就必不可少。像是在集体面试中，往往会有无主题讨论的项目,这时候面试官只能通过你的“自夸”行为来判断是录用还是淘汰。

你展示自己能力的过程就是一个“自卖自夸”的过程，而这种行为既不能过于直接，让人产生不适，又不能太低调，泯然于众，这个尺度是自夸的关键，甚至可以说是这个行为的本质。

首先，不令人讨厌的自夸必须是真实的。

明明只是普通的工薪阶层，非要每天去晒自己的奢侈生活，这就会引人反感，原因是大家往往知道你的真实情况，可是你展示的，夸自己的，却跟事实完全不一样，这不难让人给你打上一个“虚荣”的标签，自然也就对你不会有好感。

在和人交谈的过程中，你的谈吐水平会直接将你的过往经历展现出来，不要不懂装懂，也不要过分去表现自己并不具备的品质，就是不让人讨厌的关键。

其次，自夸的态度必须是真诚的。

很多人在夸自己的时候，目的却是贬低别人，实际上我们都应该明白，你的优秀并不能证明别人的不优秀，你的幸福也不代表别人都很凄惨，如果你展示自己成绩的目的是让别人羡慕嫉妒，甚至自惭形秽，那字里行间都会让人不舒服，人家自然对你这个人也喜欢不起来。

一个小学生考了一百分，一路跑回家告诉自己的父母，这种行为是不会有人反感的，因为小孩子很真诚，他只是很骄傲，很高兴，急于告诉自己最在乎的人自己取得的进步，他希望获得的是肯定和鼓励，这是让他变得更加优秀的动力。

而作为成年人的我们，假若能在自夸之前问问自己，究竟是想分享成功的喜悦，还是单纯地想说“在座的各位都比不上我”，也许就知道自己该不该夸自己，怎么夸自己了。

最后，自夸要注意场合。

虽然我们极力避免和别人的比较，可是不能否认的是，我们一生大部分时间都在队列中，不是比学习，就是比工作，不是比婚姻，就是比收入。尽管我们不愿意，可这就是社会运转的竞争机制。

想要得体地自夸，就需要注意场合。同学聚会的时候，大家都在讨论过往，你忽然开始高谈阔论自己的生意做得如何成功，新入手的包包是哪个品牌，这就不免引起扫兴，甚至不满。

可如果大家都在聊自己学业上继续深造取得的成绩，你自然而然地加入，告诉大家你留学成功的经验，并且坦率且谦逊地回答大家好奇的问题，那这种自夸就会让人感觉娓娓道来，没有攻击性，甚至还会对你产生敬佩之情，这才是我们想要的自夸效果。

在日常工作生活中，找到合理的自夸方式，让自己的优秀被人看到，却不成为别人的眼中钉，可是一门很有意思的艺术哦。

这么说话彰显成熟稳重

“

人际交往中说话显得成熟老练，更容易获得谈话对象的信赖，而这些沟通的技巧是通过学习可以掌握的，所以要练起来。

”

我的社交账号经常有朋友问：怎样在人际沟通中变得成熟老练？

其中有个朋友忍不住向我分享了他的故事：他研究生毕业前夕，曾去了某外企实习，在跟同事和客户沟通时，他说虽然已经想好要表达的大概内容了，但总感觉自己怯声怯气的。每当看到同事之间从容自如地沟通，其他同事和与客户聊项目时展现出超强的控场能力时，他总忍不住心生羡慕，希望自己有朝一日说话的时候也可以成熟稳重、自信从容。我想，他这种情况应该极具代表性。

其实，我觉得在任何场合，有些年轻人一开口说话就慌，往往是因为缺少了一点分寸感，从而无法让人觉得成熟老练、值得信赖。那我们说话该如何从滞涩向老练转变呢？

第一，要控制好语量，克制自己的性情，冷静地表达自己。

无论对方流露出何种情绪，你都要淡定悠然地对待，始终保持语量和情绪的稳定。这样的表现才能够向他人传达出从容不迫感。

第二，要控制表现欲，不要过度表现自己，尤其不要去主动开启无意义的话题。

比如，你刚去实习，工资一个月才3000元，但见到客户开着宝马，一派有钱人的样子时，你立马意识到与客户的经济实力差距巨大，你一下生出心慌的感觉，生怕被别人轻视，为了表现自己，你极有可能会盲目开启一个关于名车的话题，往往这些话题是不太合时宜的。

第三，要控制好自己的思路。

不急于表达自己的态度，同时也注意别被对方的思路带偏，要有海纳百川的包容，听到的言论认可与否都微笑以待，或者善意地询问对方为什么会有这样的想法，但一定不要迷失自己的思路。同时，也要懂得控制自己的表情，不要表现出太多表情，过于眉飞色舞看起来就很不成熟。特别值得一提的是，也不能表现出任何负面的表情，例如质疑、不屑、无聊等。

第四，当别人在说话时，我们要认真地倾听，最好看着说话的人，因为在听的过程中，你能够很好地观察和了解对方。对方注意到你在认真听，会感受到尊重。如果他还没讲完，你就紧跟着讲一大段，就容易形成一种自说自话的局面，这种聊天将无法深入，你也无法察觉到对方真实的想法和意图。

第五，就是控制语速和语调，说话的时候，要找到自己的节奏，让人随你的韵律跳舞。

那怎样才能找到自己说话的节奏呢？这里不是探讨朗诵的节奏，而是让别人听话的思路跟着你走，让别人感觉舒服，愿意听你说话。

尤其在遇到紧急的事情或突发情况时，话更要有条理。因为人越着急，说话越可能前言不搭后语或不得体，这时候不仅容易误事，也会让人觉得你不成熟不稳重。急事慢慢说，才能把事处理得更好，也才能给人留下遇事不乱、成熟稳重、可堪信任的印象。

总体来讲，想要在沟通中表现得成熟老练，掌握上面的四个沟通技巧，是必不可少的。但是在一些大上司或沟通高手面前，则最好不要装老练，因为装出来的老练，会被这些厉害的角色一眼看穿。

幽默永远必不可少

> 人天性追求快乐，幽默风趣的语言，能在讲话过程中，成功地抓住听众的“耳朵”，给你带来意想不到的效果。

要想在讲话的过程中，成功抓住听众的“耳朵”，就需要给我们的话里加点调味品“幽默”。因为人有追求快乐的天性，人天生就喜欢幽默，也喜欢听有趣的故事。

让我意识到“幽默”这件事特别重要，源于2004年，我参加中央电视台主持人大赛。当时那一届，有一个男选手，在决赛的时候戴了一副只有框没有镜片的眼镜，评委老师注意到这一细节后，就问他为什么要戴这样一副眼镜。

他的回答让我印象深刻，他说：“之所以戴这副眼镜，是因为它既让我知道要有规矩，又让我能够更清楚地看到各位老师。”听到这出乎意料的回答，所有评委都笑了。就这么一个小小的幽默段子，让他拿到了极高的分数。

生活当中，职场当中，赛场上，甚至重要的生意场上，当我们能在诙谐幽默中表达自己的观点时，我们就更容易获得别人的喜欢。毕竟没有什么比幽默更能很快拉近彼此之间的距离了。

再举个小例子。1984 年美国总统竞选辩论中，罗纳德 · 里根已经 73 岁了，有人问他这个岁数做总统是不是太老了，他打趣道：“竞选时我不会被年龄影响。我绝不会出于政治目的攻击对手太年轻，缺乏经验。”这句话成为体现里根幽默感的经典例子，甚至连他的竞选对手都笑了起来。作为一名演员出身的政治家，里根非常擅长讲故事，而且实现了美国历史上最具压倒性的连任选举胜利。

其实许多心理学家认为，幽默是最有趣、最具有感染力的行为艺术。良好的幽默感不仅是人际交往的润滑剂，而且是上司者风度的良好展现。因此，富有幽默感的人通常给别人留下睿智、大度的印象，他们通常也能拥有积极乐观的人生。

有人说，幽默不是几天几个月可以学会的能力，但实际上，幽默也是有方法可循的。今天我就教你一招，六个字，叫作“雷声大雨点小”。

所谓“雷声大雨点小”，就是我们把前面说出的话铺垫成一件特大的事或者足够引起他人注意的事，最后所落到的点其实很小。举例说明，我去年给自己定了一个挣 3 万元的小目标，结果到现在我掐指一算，还差 5 万元，这样的表达听起来是不是很意外，很好玩？

又比如，某个场合有人见到我，对我说："丽娇老师，我听说您是一个特别牛的演讲老师，给很多大企业家都教过演讲课。"我回答他："对呀，像什么雷军啊，董明珠啊，王石啊，这些大企业家呀，我都没教过。"这就叫雷声大，雨点小。

也可以说，前面说的话是在为接下来的故事做铺垫，做铺垫就是给自己的故事打基础，为观众提供必要的背景信息，将观众引向一个方向。然后，再在所有人猝不及防的时候，抖个包袱突然将答案转向另一个方向，这样就能给他人带来意料之外的惊喜。

当有人不断抱怨时，如果有人能巧妙地把它引导到人生哲学上，可能会有不知不觉间拨开云雾见晴天的感觉。当我们用幽默的口吻说出一件事情，真的会让气氛轻松起来。幽默是生活中不可缺少的调节剂，当你的身边充满欢乐，你的心情也会被感染的。

PART 2

第三章　当你需要说服别人

肯定对方的积极行为

“

说服并非一股脑地将自己的想法塞给对方，而是引导对方不断地肯定自己的观点，来一场说服的心理战。

”

在沟通中，有一项非常高超的能力，就是说服。

无论是在工作上与人沟通，还是在生活中与朋友交流，或者在其他与人打交道的场景，我们都离不开说服。遗憾的是，很多人想要说服别人时，最常用的方式，是将自己的观点想法一股脑地塞给对方，以为这样对方就会认同自己，其实这恰恰是不懂说服的表现。

一家知名的外企曾做过这样的一个社会实验：他们公布了公司员工的平均迟到率，以及每个月每个员工的迟到率，并且给予迟到次数低于平均水平的员工表扬。几个月下来，他们发现：公司整体的迟到率显著降低了，之前迟到率较高的员工，自动调整了自己的行为，大大降低了迟到率；而之前迟到率就低的员工，迟到率更低了。

这其实是一种心理学现象，人们往往趋于被肯定的行为。

这种现象在生活中随处可见。我经常有这种感觉，当我们做某件事，得到了别人的肯定时，我们就会更加相信自己，会想把这件事做得更好，也会有种实现了自己价值的喜悦。

这个现象给沟通中的说服，带来极大的启发意义。

木木是个新毕业的大学生，热情洋溢干劲十足，他的上司苏总一直很看好他。但是最近，不知道为何，木木在与客户对接中接连失败，看上去非常失落。这一天，木木急匆匆地给苏总打来电话，胆怯委屈地说，自己在交货的时候出现了失误，必须得向客户解释清楚。苏总鼓励木木主动去跟客户解释当时的情况，可苏总也听出来了，木木是想向他求助，希望他能够为其代劳，向客户解释一切。

苏总知道，如果此时大动干戈地说，你怎么连这点小事都做不好，并且严厉地拒绝木木的请求，那样一定会极大地打击木木的自信心，所以苏总想说服木木，主动给客户打电话。

苏总是这么说的："没关系的，木木，你之前在接下客户的时候一直跟客户维持着良好的关系，客户对你非常认可，尽管你最近出现了几次小的失误，但我相信你之前和客户建立起来的信任还是在的，而且客户一定也在期待听到你亲自说明，你一定可以做到。”

苏总的一番话，打消了木木对自己的不自信，给了他极大的鼓励，成功地说服了他。

由此，我们可以看出，当试图说服对方时，先不要提及自己与对方的不同观点，而应该努力寻找和对方的共识，并不断加以强调，在获取对方的认同之后，再力争在后续的谈话中，尽可能多地让对方说“是”，因为对方每一个否定的回答都将成为你们之间不容易突破的障碍，而每次对你话语的认同就加深一次对自己的肯定。

奥佛斯屈教授在他的《影响人类的行为》一书中说：“当一个人说‘不’时，他所有的人格尊严，都要求坚持到底，也许他事后觉得自己的‘不’说错了；然而，他必须考虑到宝贵的自尊！既然说出了口就得坚持下去。因此一开始就使对方采取肯定的态度，是重要的。”

由此可见，一个懂得肯定对方的积极行为，善于从谈话中把对方心理带入肯定答复的人，才是一个具备说服能力的人，是一个会说话的人。

如何在表达中运用逻辑思维

说服他人的过程中，只单纯地从自己的角度出发，往往适得其反；而通过交流让对方与我们产生共鸣，这样对方才能真正地认同和接受。

以下是公司剪辑师阿宅的分享，是她大学毕业后第一份工作的故事，为了便于讲述，采用第一人称。

“你看那个女孩说话可真有条理呀，一听就特别地有逻辑性。一问果然是从某大公司出来的，就是不一样……”

正在茶水间煮咖啡的我听到后面 HR 在议论刚刚来面

试的姑娘。

逻辑性！

这个词一下子就击中了我。

从前我是不在意什么逻辑不逻辑的，我觉得逻辑学也离我非常遥远，不具备什么实用性。我以前觉着，说话有逻辑性和没有逻辑性差距真的很大吗？讲话的逻辑严谨了又能怎么样呢？直到无意翻到了和闺密的聊天记录。我和她常常会聊起彼此对一些事情的看法，我发现我们的聊天记录中很多都是：

“我认为A这个事情可能是B这样的。”

“为什么是B呢？因为C……”

“说到C的话，那可能又会想到D……”

然后就一直在阐述D，已经发了不知多少条后才猛然发现，我好似还没有把A给阐释清楚呢。

被“逻辑性”三个字击中后，我逐渐地意识到了，很多时候我们和朋友间的聊天都没有清晰的逻辑性，最起码是观点不明确，中心不突出。

听完阿宅的故事，我深以为然，想起曾经看到过的一篇文章，文中说在沟通中一定要小心“祝英台陷阱”。那篇文章是这么说的：祝英台的母亲，想要说服祝英台嫁给马文才。如果她不断地向祝英台强调：贫贱夫妻百事哀，你还年轻不懂事，男人有钱很重要，所以女人不要老是相信真爱。你要信妈妈，妈妈看过的男人比你看过的多得多。那么她每讲一句话，祝英台心中都会有一万个吐槽。

妈妈说贫贱夫妻百事哀，女儿脑中第一个想的就是反例：不会，你看村口的王大妈跟她的老公不是也很穷吗？但他们不是很开心吗？

妈妈说男人一定要有钱，女儿脑中第一个想的是：不对，谁说的，你看谁谁谁，不是也很穷吗？最后就发财了。或者是虽然他们没有发财，不是也很开心吗？她坚定的认知是“我喜欢的是梁山伯”，而妈妈告诉她的一切，都在说我的选择和偏好是错的，所以很难接受。

所谓的“祝英台陷阱”不就是在说，当想要说服别人时，只单纯地从自己角度出发，而毫无逻辑，只会适得其反吗？

当你跟你的用户进行沟通时，如果只是单方面灌输“这是个好东西”，很难获得对方认可。你必须通过认真的交流来让用户产生理解和共鸣，对方才会真正地认同和接受。

我认为所谓逻辑思维是指建立在因果关系上的一种反映客观现实的思维方式，我们在与人沟通的过程中就需要条理清晰，有理有据。理与据缺一不可，理是主观的观点，而据则是客观的事实。

如果一个人缺乏逻辑思维，他在与人沟通时，尽管口若悬河，却很难让对方明白他想表达的意思。或者即便他有很好的见解与想法，也会因为表达缺乏条理性而无法达到理想的沟通效果。因此想要提升沟通能力，先要提升逻辑思维能力！

鼓励对方做出承诺

在与人沟通中，我们要有意识地鼓励对方做出承诺，这样他（她）就会更倾向于去做到自己所承诺过的事，这样说服就自然而然地完成了。

我猜你肯定被人放过“鸽子”吧？就是约好的事对方却没做到，比如和好友约好吃饭，结果准备出门时，朋友却临时取消了行程。

那如何让别人说到做到？首先是让对方主动承诺。你别以为光嘴上答应并没有用，其实大部分人都有信守承诺的强烈愿望，特别是当这个承诺是由他们主动做出的。

曾经有人做过这样一个实验：研究人员扮成海滩上的游客，故意把收音机放在其他正在晒太阳的游客旁边，然后下海游泳。一种情况是研究人员事先什么也不说，直接下海游泳，另一种是他们请晒太阳的游客帮忙看东西，并让对方口头承诺说“好的”。接下来再让另一个研究人员扮成小偷跑过来，拿了收音机就走，这时，做过口头承诺的游客将近百分之百都起身追小偷，没做过承诺的游客几乎没人上前阻止。

你看，一句“好的”，就会对人的行为有这么大的影响。所以我们一定要记住，在跟别人沟通的最后，一定要鼓励对方做出一句承诺。

比如，会议结束前，你让团队的成员把本周要做的工作复述一遍。那么，成员在这一周就能更好地去推进自己负责的事情，并按时完成。如果我们让孩子做出承诺，再看三集动画片就乖乖睡觉，那待会儿等你要关电视哄他上床睡觉时，就不那么费劲儿了。

上述的例子虽然都是小事，却蕴含着做人最基本的原则，即做出承诺，信守诺言。如果仔细反思我们的生活和工作，就会发现我们每天都在做出各种承诺，如对子女的承诺、对爱人的承诺、对同事的承诺等。**积极主动的本质和最清晰的表现就是对自己或别人有所承诺，然后绝不食言。**

本杰明·富兰克林有一个很有名的小故事，你可能听过。有一位议员由于和富兰克林在政见上有所不同，所以对待富兰克林的态度很不友好，甚至还在公开场合咒骂过他。但是富兰克林并不想跟这位议员结下怨恨，他决定改变对方对自己的态度。他听说这位议员有一本特别好的书，于是就写了封信给他，请求这位议员将书借给他几天。这位议员很乐意地将书借给了富兰克林。一个星期后，富兰克林写了一封信，对这位议员表示了强烈的感谢。从此以后，这位议员再遇到富兰克林，竟然主动地跟他打起招呼，后来两人还成了好朋友。

富兰克林绝对是一位非常有智慧的人！他开口跟议员借书，议员肯借给他，就说明议员把自己定位成了一个大方、乐于助人的人。富兰克林将书还给议员后，再写封感谢信给他，进一步强化了议员对这个自我身份的认可。这就难怪议员再遇到他的时候会主动跟他打招呼了。

从这个故事可以看出，如果我们能够让对方做出承诺，让对方知道他在你的心目中是一种怎样的形象，那就有很大的可能性，他会朝着你为他设计的这个形象去努力。

先得一寸再进一尺

“

心理学上“登门槛效应”和“留面子效应”，在说服过程中有积极的启发作用，我们要合理利用这一心理学现象，让自己的沟通变得更顺畅，同时也应谨记：己所不欲，勿施于人。不要为了一己之私，轻易利用他人。

”

生活中，我们通常用“得寸进尺”来形容那些贪心、不容易满足的人。

但你知道吗？如果我们利用好了这一心理，就会发现在很多事情的沟通上，都变得容易了。

其实，日常生活中有这样一种现象：在你请求别人时，如果一开始就提出较高的要求，很容易遭到拒绝；而如果你先提出较低的要求，别人同意后再增加要求的分量，则更容易达到目标。

这在心理学上称为“登门槛效应”，实验证明，先得寸再进尺，往往能实现目标。

美国心理学家米尔顿·弗里德曼和他的助手曾做过这样一项经典实验：让两位大学生访问郊区的一些家庭主妇。其中一位首先请求一些家庭主妇将一个小标签贴在窗户上，或在一个关于美化加州或安全驾驶的请愿书上签名，这是一个小的、无害的要求。两周后，另一位大学生再次访问这些家庭主妇，要求她们在今后的两周时间里，在院内树立一个呼吁安全驾驶的、但很不美观的大招牌，这是一个大要求。

结果，答应了第一项请求的人中，有 55% 的人接受了这项要求，而那些第一次没被访问到的家庭主妇中，只有 17% 的人接受了该要求。

由此，我们不难发现，当我们一下子向别人提出一个较大的要求时，对方一般都很难接受，而如果一开始提出一个较小的要求，之后逐步提出更大的要求，人们就比较容易接受。

其实，人们都希望给别人留下前后一致的好印象，不希望别人把自己看作“喜怒无常”的人。因此，在接受了别人的第一个要求之后，再面对第二个要求时，就比较难以拒绝了。

如果这种要求给自己造成的损失并不大的情况下，人们往往会有一种“反正都已经帮了，再帮一次又何妨”的心理，于是“登门槛效应”就发生作用了。一只脚都进去了，又何必在乎整个身子都要进去呢？

再举一个小例子，当我们在市场买衣服的时候，你看中了一件衣服，一问价钱居然要 1000 元，你打定主意这件衣服最多出 500 元，“对半砍”总不会错。

“500 元。”

“那卖不了，我连本钱都没有收回来，实在亏大了。这样吧，你再加一点，我就算给你带一件。”

“我最多出 520 元。”

“成交！”

当我们正偷着乐，以为只有自己掌握了这一独门“秘籍”，其实精明的商家早就在暗暗地运用此策略了。

没错，就是传说中的“登门槛效应”，想得尺先要寸，往往都能实现目标。不知道你们是否听过一个和“登门槛效应”有异曲同工之妙的“留面子效应”呢？

心理研究者查尔迪尼等人曾做过一项被称为“导致顺从的互让过程”的研究。

研究人员将参与实验的大学生分成两组。对于第一组大学生，研究人员要求他们带领少年们去动物园玩一次，这个活动过程需要两个小时，只有 1/6 的大学生答应了这个请求。

对于第二组大学生，研究人员首先请求他们花两年时间担任一个少年管教所的义务辅导员，这是一件费时费力的工作，几乎所有的大学生都谢绝了。他们接着提出了一个小的要求，让大学生带领少年们去动物园玩两个小时。不就两个小时嘛，太容易了！结果，超过 1/2 的大学生答应了这个请求。

其实，造成这种现象的主要原因是人们在拒绝别人的大要求时，感到自己没有能够帮助别人，损害了自己富有同情心、乐于助人的形象，辜负了别人对自己的良好愿望，会感到一点内疚。这时，为了恢复在别人心目中的良好形象，也达到自己心理的平衡，便欣然接受了第二个小一点的要求。

当然，在我看来“留面子效应”和“登门槛效应”都是一把双刃剑，善加利用可以使沟通、交流事半功倍。但应切记：己所不欲，勿施于人。不要为了一己之私，轻易利用他人。

最重要的一点是，它们是否会发生作用，关键在于双方关系的亲密程度以及你需求的合理程度。如果既无责任，又无义务，双方素昧平生，却想让别人答应一些有损对方利益的事情，这时候“先大后小”也是没有用的。

PART 2

第四章　线上沟通

6 个微信沟通技巧，提高 90% 工作效率

> 微信早已渗透进我们的工作日常，微信沟通也早已成为我们日常沟通的重要部分，灵活地掌握微信沟通的技巧，是信息时代打工人的必备技能。

相信很多人和我一样，每天早上醒来第一件事，就是看微信，回复微信消息。微信早已渗透进我们的工作日常，微信沟通也早已成为我们日常沟通的重要部分，那么，怎样才能在微信沟通时灵活运用沟通技巧，提高工作效率呢？

我总结了以下 8 点，应该比较实用：

第一，少寒暄，直奔主题。

领导力专家艾瑞卡·达万说过："研究表明大概有60%到80%的当面沟通不是通过语言来完成的，而是通过节奏、停顿、表情和肢体语言等，带来能量和情感上的细微差别。"

所以我们在面对面沟通时，喜欢先寒暄几句，"怎么样，堵车吗？""喝点什么？"等等，然后再切入主题。而微信沟通时如果还这样，就比较招人烦了。比如最遭诟病的寒暄语"在吗"，我一般都不回复，如果对方真的有事，等一会儿会直接说事，如果非要等我回答"在"之后再说事，那只能说明他的事并不重要，我没必要回应。

第二，慎用感叹号和表情包。

不知道你们是不是也这样，如果对方在微信沟通时用了几个感叹号，会觉得反感，反正我是这样的。感叹号会让人觉得对方态度很强硬，在命令你，或者催促你，让人感觉不适。

和标点符号差不多的是表情包，我还蛮喜欢用一些友善的、好玩的、卖萌的表情包，在非工作沟通时用一下，或者在给助手安排工作时，在请别人帮忙时，都可以活跃一下气氛，让文字显得不那么冷冰冰。

但是用表情包一定要注意沟通场合，正经严肃的工作沟通时慎用，跟上司沟通时慎用，跟客户沟通时可入乡随俗，看对方是否有发表情包的习惯。如果客户不常用表情包，你就该老实地用文字表达；如果对方喜欢发表情包，你也可以用几个，最好能比对方的表情包更有趣，在细节之处投其所好。

第三，文字简洁准确，少发语音。

如果我收到密密麻麻一大段文字，没有分段，甚至没有标点符号，更有甚者，错别字连篇，我肯定没有耐心看下去的，我可能就不回复了。

所以，我们每个人都是时候磨炼一下语文功底了，一定要简洁,用最少的文字把事情说清楚。如果必须用一大段才能说清楚，那就按逻辑分段，列第一第二第三，每一条单独发，让每一条都不超过 50 个字。发之前自己检查一遍，尽量别有错别字。别怕耽误这几秒时间，降低别人阅读的难度，其实就是在提高工作效率。

和收到一大段文字并列惹人烦的，应该是收到连续几个 60 秒的长语音。对方可能在上班、开会，或在嘈杂的地铁上，听起来不太方便。

关于发语音这一点，我先道个歉，我自己做得就不够体贴，我也爱发语音。因为我太忙了，打字确实耽误时间，而我在口条方面比较自信，毕竟咱口齿比较清晰，对方就算转文字阅读，也基本能识别。但是我从来不会发长语音，我会每条控制在 30 秒左右，而且在开头说一句“不好意思有点忙，我就不打字了，直接给你发语音了”进行铺垫一下，对方一般不会太介意。

第四，适当建群，拉人前打招呼。

每个人的微信里应该都有各种各样的微信群，比如我，有公司群和教学上课群、课程研发群等十几个项目群，还有家长群、老师群、兴趣班群等等，可以说，每一个群就是一个独立的空间。

我挺害怕突然被人拉进某个群的，特别是拉进去之后也不介绍，所以我每次想建群或拉人进群前，会提前跟对方打招呼 :“伙伴们，我们拉个项目群吧，方便项目进展方面的事情沟通。”以及“亲爱的，我们有这个项目的工作群，我拉你进去哦。”

建群和拉人进去后，我会马上分别介绍，让群成员知道自己的分工，特别是让后进群的人了解群成员，让群成员了解并欢迎新入群的人。

当然了，如果群主不是我，拉人进群前我还会跟群主打声招呼，尊重一下“东道主”。

这些看似烦琐的小细节，其实是微信沟通的基本礼仪，我认为并不麻烦，不过是举手之劳，背后却体现着对人的尊重。

第五，不吝赞赏。

面对面沟通时都需要用夸奖来拉近双方的心理距离，线上沟通更是不可或缺。而且我认为，线上沟通夸奖对方比当面夸奖更好夸，更能直白地夸出口，在收到别人夸奖时，也比面对面时更能自然回复，毕竟面对电脑或手机，夸张一点也无妨。

比如，如果对方早上 7 点就能回复你的微信，你可以夸赞：“怪不得你皮肤好，原来你作息习惯这么好，早睡早起啊！”如果对方按照约定时间提交了方案，你可以夸奖：“亲爱的，你太有时间观念了，向你学习！”顺便送上点赞的表情包，对方一定会因此有个好心情。

第六，文明聊天，拒绝背后吐槽。

最近，看某职场剧时被一段好玩的情节逗笑了，剧里的员工们建了个只有老板不在的微信群，每天在里面吐槽老板和客户，而新入职的一个员工是老板亲戚，但大家都不知道，于是把他拉进了那个微信群。结果可想而知，他把员工的吐槽发给老板看，老板勃然大怒，开除了吐槽最狠的群主，并杀鸡儆猴，处罚了所有群成员。

好了，作为当下沟通场景最多的微信沟通，大家一定要足够重视，把线下沟通的很多方法活学活用过来，也算是信息时代的打工人的必备技能了。

和上司微信沟通的技巧有哪些？

“

职场的人际关系是需要用心经营的，在与上司微信沟通时，最重要的原则是：及时回复，让上司放心。要多动脑子，不能怕麻烦。努力多做一点，上司自然都会看在眼里。

”

如果要问职场中的沟通难题，跟上司沟通肯定会上榜，而线上沟通如此普遍的今天，跟上司微信沟通也成了大家每天要面对的事。那么，跟上司微信沟通有什么技巧吗？

“ 我建议大家跟上司微信沟通时，时刻谨记一个原则：**及时回复，让上司放心。** ”

线上沟通最大的特点是谁也看不见谁，而对于上司来说，是想时刻知道下属在做什么、工作到什么进度了之类细节的，所以及时回复上司，让他觉得你在工作，随叫随到，他就会更放心。而且我认为，及时回复上司微信，是最起码的职场礼仪。

具体做法有哪些呢？我们可以分场景来看看。

场景一，在工作群里。

工作群里的沟通其实比较好应付，第一个原则是随大流。当上司发布一项工作安排之后，肯定会收到一串“收到”的刷屏，你也发“收到”就行，不至于出错。

第二个原则是服从。当上司单独 @ 你，对你有单独的工作分工，或专门询问你的工作进展时，前者你只要及时回复“好的”“收到”“马上做”就行，后者你则需要言简意赅地交代一下工作进度，先说原计划是做到哪个进度，已经到了哪个进度。如果没有按时完成，就一定要把原因客观表述清楚，但不能有推脱的嫌疑。

你要知道，上司单独问你工作，有可能是在点你，还有可能是通过你在点别人，总之要态度端正地回复，不要公然顶撞或反驳上司。

场景二，和上司私聊时。

和上司私聊的场景还要继续细分成两大类。

第一类，是当上司找你时。

这类情况还可以再分为三种情况，如下：

1. 执行类信息，先回复再执行。

你有没有收到上司这样的微信：“××，你有某某表格 / 图片 / 方案模板吗？”往往是一个比较简单的资料，可能之前做过，可能只有你手头才有，绝对不需要你花时间去做，他只是找一下资料。

这时你会怎么回复？“是的，张总，我有。”然后呢，完了吗？如果你这样回复，我只能说，你的情商真是堪忧啊。

上司问你有这个资料吗，潜台词就是“把这个资料发给我”，你倒好，还要上司浪费时间再说一句“发给我”。调换位置，如果你是上司的话，你会不会觉得这个下属头脑有点不灵光？

还有一种人，收到上司索要资料的微信后，立马理解了上司的真实意图，所以忽略了回复这一环节，而是马上去找资料。这从上司的角度来看，会是什么样的？我们来模拟一下，上司着急上火地问你要资料，结果两分钟、三分钟过去了，完全没回复，上司心想：你是没看到吗？还是没有这个资料啊？你倒是说句话啊！当上司忍不住再次追问你时，却收到了你扔过来的一个文件。你说噎人不噎人？上司可能都打上文字了，只能默默删除了。

所以，正确的做法应该是，先马上回复上司：“是的，张总，我有，马上发给您。”然后再去找资料，这样上司就不会担心你没看到了。

2. 通知类信息，先回复再补充回复。

当上司给你发微信：“某某项目进度不太顺利啊，明天组织个会议，讨论一下解决方案吧。”你收到后会怎么回复，会这样回吗：“好的，没问题。”

这就完了吗？当然没有。上司的潜台词是，你通知一下某某项目的所有成员，提前想一下进度进展不顺利的原因，定一个明天开会的时间，然后再反馈给他。

所以，你该怎么做？你应该马上把上司的意图告诉这个项目组的所有成员，让大家各自提前做好准备，并商量确定开会的时间，然后及时给上司微信反馈："张总，我跟某某项目的同事们都传达了，大家会提前思考进度提速的方法，咱们的会议定在明天上午十点，您看方便吗？"

上司如果对会议主题或细节还有补充，就会告诉你，你记录后告知同事们，第二天十点提前喊上司和同事们开会即可。

3. 工作安排之外的沟通。

当上司在工作安排之外的时候微信找你，怎么回复比较有分寸呢？

一般情况下，上司私下找你，应该是请你帮小忙，比如找个文件，取个快递，这种事情反正也累不着你，肯定要去干啊。当你完成之后，一般上司都会跟你说"谢谢""辛苦了"，你怎么回复呢？

我建议这样回复："您客气了，举手之劳，您有事随时找我。"然后附上一个可爱的表情包当结束语，轻松自然，不刻意。

第二类，是当你找上司时。

很多人肯定说，我一般情况下不主动找上司，都是他找我，哈哈。其实不然，主动向上司汇报工作是职场必备技能之一，也是让上司对你放心、对你另眼相看的技巧之一。当你主动跟上司微信沟通时，怎么说才能让上司印象更好，我也总结了三个小技巧：

1. 先说重要的事。

跟上司微信沟通肯定和跟闺密、同学不一样，不能顺口乱说，不能过分使用网络用语，一定要先拎清楚事情的轻重缓急，把事情按照逻辑列一下第一第二第三，最重要的事放在最前面，用最简洁的文字，一条一条发给上司，发之前最好校对检查一下错别字，别刚发出去就撤回，给上司造成你有点粗心的印象。

2. 避免用语音。

这一点很好理解，人家上司每天那么忙，你倒好，汇报工作还发一段长语音，一段说不完，甚至要发好几段长语音，听吧，一段一分钟，得耽误好几分钟；转文字吧，你发音不标准，识别不出来几个字。

我要是你的上司，我都懒得听，懒得回复你，并因此认为你是个不懂得换位思考的下属，对你没啥好印象。

3. 少谈私人事情。

作为打工人，你主动在微信上找上司，除了汇报工作，还会说什么？

有人说借钱，哈哈，我劝你尽量不要，只会让上司很为难。借给你吧，人家内心肯定不想；不借给你吧，显得人家不体恤下属。

还有人说请假，这个确实是真的，跟上司请假是大家都避免不了的。请假的万能话术可以参考这个：“您好，张总，不好意思这个时间打扰您，我因为家里有点事，明天想要请假一天，我已经把手头工作安排好了，需要同事配合的工作也沟通好了，我明天也会手机一直在线，您有事可以随时找我，您看行吗？”

你不仅把请假理由说出来了，还把工作安排这么细致地交代清楚，上司怎么可能还会不批假？肯定会同意的，甚至还会附送一句慰问呢。

还有什么是你主动要找上司微信沟通的事吗？好了，我奉劝

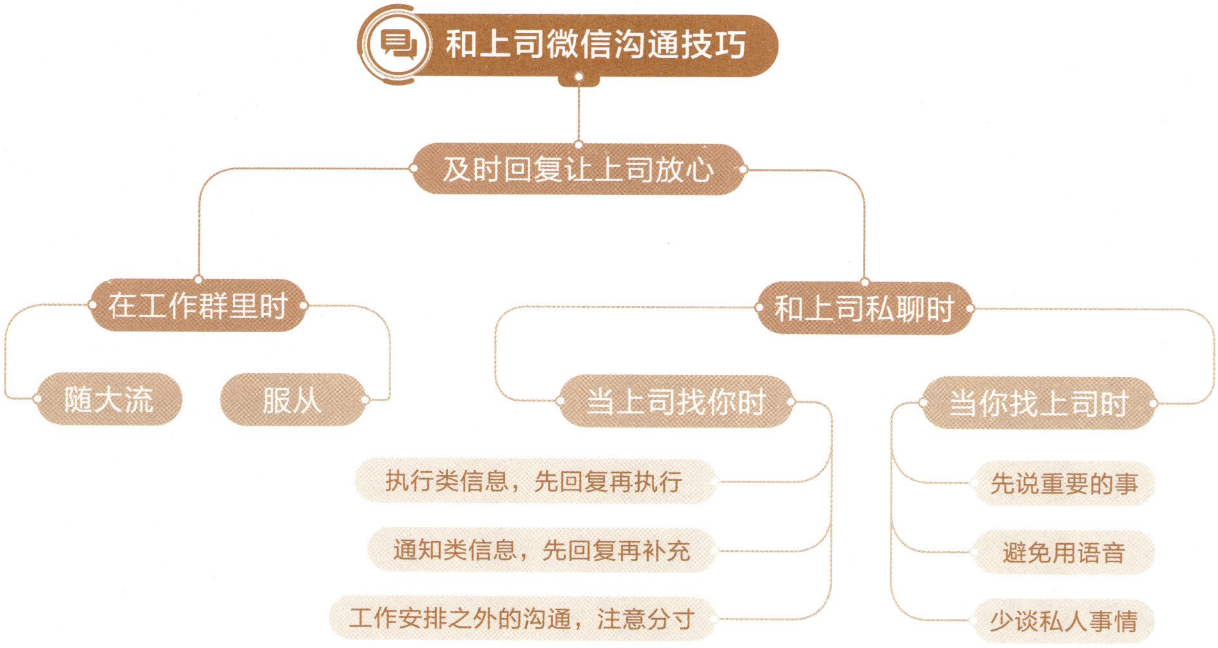
和上司微信沟通技巧
及时回复让上司放心
在工作群里时
随大流
服从
和上司私聊时
当上司找你时
执行类信息，先回复再执行
通知类信息，先回复再补充
工作安排之外的沟通，注意分寸
当你找上司时
先说重要的事
避免用语音
少谈私人事情

大家，不要再有了，私事尽量不要去打扰上司。

最后，职场的人际关系是需要用心经营的，作为一个在职场打拼的成年人，和上司沟通时，不管是面对面的沟通，还是线上沟通，都要多思考一点，不能怕麻烦，也别怕多付出，因为当你麻烦一点，努力一点，上司就会省心一点，自然就会对你有更好的印象。

“
”

下班后上司在群里 @ 你，不想加班时怎么回复

> 上司在微信群里 @ 你加班时，要第一时间在群里回应他，如果想回绝，就找一个情有可原的理由私聊，做到事事有回应，得体礼貌。

下班之后，小韦正坐在地铁上昏昏欲睡，突然亮起的手机屏幕弹出来一条群消息：

@ 小韦，某项目今天能完成吗，明天就要交付了，进展到哪一步了，不行就今晚加个班赶出来，老板很着急。

一眼便知，这是上司在微信项目群里发来的加班微信。这个项目，前前后后加班已经一个多月了，此时被淹没在晚高峰人

流中的小韦，倍感疲惫，他只想回家躺到自己的小床上，睡个好觉，真的一点也不想再挤地铁回去加班。简单地平复了一下隐忍难发的怒气，他一时间竟不知道该怎么回复。

那么，如果你是小韦，此时会怎么在群里回复张总的微信呢？

第一种，如实相告。

“我已经进地铁了。”或者说“我已经在回家路上了。”

这句话隐含的意思是：“现在是下班时间，我已经下班了，不在公司里了。”如果工作内容非常重要，上司大概率还会再说一句：“那你就回来，这个事情比较重要。”这下你就更不好推辞了。所以，这种回复方式并不理想。

第二种，向后推延或找人代劳。

“张总，我已经下班了，您看看这个事情能找别人做吗？或者我明天上班做也可以。”

这句话隐含的意思是：“我现在不想回去加班，也不会回去加班，并且我还为你考虑好了其他解决办法。不管你选择其中哪一个方式，我都不用回去加班。”

这种处理方式，其实是一种向后推延或找人代劳，显得上司很着急但你却不着急，上司把项目看得很重，你不过是为了领取一份工资，毫无责任感可言。因此，这样回复显得情商不高，我认为也并不理想。

第三种，已读不回。

我明明看到上司在群里发的消息了，我假装没看见，过半个小时或一个小时之后，我再回复：“张总，不好意思刚看见消息。我手机没电了，一直在充电来着。”或者说：“张总，我在地铁上没信号，才看见您消息。”

现在人人手机不离身，不回复就是不想回，这基本已经成为一种共识。你隔这么久才回复，这一看就是撒谎和搪塞的理由，在上司看来你就是在故意偷懒，而且选择的方式一点都不高明。

说了这么多，那么这个时候应该怎么做呢？

我觉得，线上沟通一定要做到及时回复。

我建议，一定要在看到消息的第一时间，在群里面回复一下上司。这里面也分两种情况：

第一，你愿意回去加班，你就可以在群里直接回复。

“张总没问题，我这就回去。”如果你愿意回去加班，那你可以在群里直接说，因为他是在群里喊你的，在这里跟上司说的每一句话是当众交流。因为你愿意回去加班，这就显示了你工作热情很高，团队凝聚力很强，张总说话有威严，对同事来说，你这样起到很好的模范作用，所以，这种情况是可以在群里回复的。

第二，如果你不准备加班，你就不能直接在群里回绝。

在这种情况下，你可以在群里回复说：“张总我在，我私信您。”为什么一定要先这样回复一句呢？如果你直接在群里回绝，就等于当着所有同事的面拒绝上司，会造成一种大家都不愿意干活，张总说话没有威严，这个团队没有干劲没有凝聚力的感觉。

“张总我在，我私信您。”这样的回复，第一时间给了上司回应，保全了上司的面子，又没有在群里面直接拒绝他，这就让你们的沟通从当众沟通变成私下沟通，接下来的私下沟通就看你的理由是否充分了。

比如，可以这样说：“张总，最近太忙太累了，身体有点吃不消，打算今天早点回去休息呢。要不这样，张总，您看有哪些工作需要我做的？我到家后远程支持，您看这样行不行？我现在再返回公司，来回一趟两个小时候又过去了，还耽误时间。

这样一番话情真意切，既表达出近期工作忙碌的状态，也表达出为了工作愿意放弃休息时间的主动性，尽管你不能返回公司加班，但只要能保证工作进度，我想上司或老板都是没意见的。

还有一点值得注意，也不能直接私下沟通。因为上司发到群里的消息，如果不先在群里回复一下，在同事看来你根本没有理会上司，上司的问话要做到事事有回应，你不回应也是不合适的。

“

”

“社恐”的人必须主动打工作电话 / 视频时怎么办

“社恐”的人在打电话或视频之前，就做好准备，做好心理建设，记录下沟通要点，选择一个不被打扰的安全环境，站起身来心平气和地去沟通就可以了。

悦子是一个不善言辞的人。

同事都说她“社恐”，但新分的项目小组里，除了她之外都是新人，不得已只能由她出面来跟上司和平行部门的同事，一起协调沟通新方案。因为时值开学季，正是教培行业最忙碌的时候，她不得不挨个打电话，甚至视频沟通，才能一一通知到位。

万般无奈之下，她才鼓足勇气找到了我，想请我帮助她突破“社恐”的自我障碍，请教与不同部门同事之间交流的方法。

日式小酒馆显得格外安静，这样的环境挺适合交流，看来悦子用心选择了交流场合。几杯小酒下肚之后悦子说出了她的顾虑，她很担心自己表现不好，在工作中与人打电话时总是过分紧张焦虑，以至于无法好好地表述自己的观点和态度，每次都是听取别人的发言多，自己的想法闷在心里说不出口，即便有机会说，也词不达意或者只能表达出三分。她自己也很苦恼，不知道为什么自己会这样。

此时我才惊讶地发现，其实“社恐”的人害怕打工作电话或者视频，并不是说这件事本身有多么可怕，而是他们害怕自己表现不好。他们通常很善良，内心细腻，对人、事、物的感知能力甚至比一般人更敏感。他们非常在意自己的表现，对自己有着过高的期待和要求，近乎完美主义者，以至于给自己造成极大的心理压力，因此导致社交上的焦虑状态。

我非常感谢悦子对我的信任，如此坦诚地说出这么多心里话。那我当然也是把这么多年的沟通心得分享给了悦子，顺便也把困扰悦子的问题，做了一个简单的梳理，记录了下来，希望能够帮助到更多有需要的朋友，毕竟现在线上沟通如此普遍，已深入到生活的方方面面。

我总结出了以下 5 点：

首先，打电话或者视频之前，先用文字把开场白写下来。

注意要写得简单明了，写清楚沟通目的即可，太复杂反而会给自己增加压力。

第二，打电话或者视频之前，把沟通要点也用文字写下来。

沟通之前，把已经落实好的事项、即将落实的事情，每个项目的难点和完成节点都一一记录下来，这样沟通的时候会有提示。它相当于一个助手，也给了你一个精神的支持。这样，就可以把所有精力都放在打电话或视频的勇气上，而不需要一边给自己打气，一边还要想已经说了什么，接下来该说什么。

第三，如果担心表现不好，在打电话之前，按照事先写好的脚本练习几遍。

熟能生巧用在哪里都没错，写好沟通目的和要点之后，可以先在心里复述几遍，做到心中有数，在沟通的时候一心记着这几项就好了。

第四，打电话的时候，尽量站着说话。

当一个人站着的时候，自然而然会生发出一种力量。当你站起身来，一边拿着手机打电话或者视频，一边看着自己已经写好的开场白，做好心理建设，压力就没有那么大了。

第五，选择一个完全不会被打扰的环境。

这一点非常重要，选择一个无人打扰的安静环境，对社恐的人来说就意味着全然的安全感。这样的环境，不必担心打电话的过程被人看到，也不必担心自己打电话会影响和打扰到其他的人。

做到以上这些，“社恐”的人主动打电话或视频就没有什么问题了。

PART 2

第五章　建立链接感

破冰：怎样让人对你一见难忘

“破冰”的第一步，是充分激发起对方跟你说话的欲望，那需要你找准对方感兴趣的话题，对方打开了话匣子，才能够对你一见难忘。

在生活当中，我们难免会与形形色色的陌生人打交道。

有些时候是参加社团活动，有些时候是为了欣赏而搭讪，有些时候为了避免尴尬而找话题聊天，这就考验我们的交际水平了。和陌生人打交道难免会感到不好意思，因为不了解对方的实际情况，很难从某个点切入进行聊天，所以，不管是在工作中，还是生活中，对于一段陌生关系来说，一个好的“破冰”方式真的太重要了。

很多朋友都会有这样的心理：你不主动和我说话，我就不好意思和你说话，哪怕我很想和你聊天，但由于害羞，我也会选择错过。这样真的会浪费很好的机遇！

那么，怎样的“破冰”能够让人对你一见难忘呢？

这就说到“破冰”最重要的一点，也可以说是第一步：聊对方感兴趣的话题。

不要小瞧这一点，这是一个非常关键的点，能够激发起对方和你聊天的欲望。

假如你们在一起聊天，对方不想聊某方面的事情，你为了某种目的偏偏往这个话题上去引，或者对方不想聊他不感兴趣的话题，而你为了试探偏要去观察对方的反馈，这个聊天必然是失败的，也必然会给对方留下不好的印象。

我之前听过一个故事，著名的教育学家威廉·菲尔普 8 岁的时候去他的姨妈家过周末，中午时家里来了一位中年男子，中年男子和她的姨妈聊了一会儿之后，就把注意力放到了菲尔普的身上。小时候的菲利普非常喜欢帆船，这位中年人就和菲尔普畅聊起来，男子离开的时候菲尔普还恋恋不舍。菲尔普就问他姨妈：“姨妈，我好喜欢这个人，你能不能让他下次还来呀？没想到他也对帆船这么喜欢。”

姨妈平静地对他说：“你知道吗？他是一个律师，才不可能对你喜欢的船感兴趣呢。”

菲尔普就感觉特别奇怪了：“啊，那他怎么能和我聊得这么起劲呢？”

姨妈的话让菲利普这辈子都没有忘掉：“他不是对帆船有兴

趣，他是对你有兴趣，因为你喜欢船，他就聊你高兴的事，这样你们之间就能建立起融洽的关系啊。”

由此可见，沟通的基础就是不能总按照自己的想法出牌，用自己的意愿去强制别人聊什么，而是应该设身处地地从对方的角度出发，聊一些对方想聊的话题，从而找到“共情”感。

我们再举个生活中的例子。比如说，你坐在地铁上，旁边的人在看书，你就可以判断对方是喜欢阅读的人，你就可以用书作为话题的切入点：“你好，不好意思打扰一下，我看你这本书是讲如何提高沟通能力的，我的沟通能力不是很好，正打算看一些书，但不知道看什么好，看你这本书的话，不知道会不会有效果啊？”

这其实算一种投石问路，不管对方对我们做出怎样的回答，我们都有了继续聊下去的契机，例如：“我感觉自从有了网络，好像任何书籍都能直接在网络上找到它的金句、中心思想、达人推荐等信息，我都好久没有认真看过一本书了。像你这样还能坚持阅读的人真的好厉害。”这样就会非常自然地把话题抛给对方，引起对方的兴趣。

当然，我们只是举了一个例子，因为现在地铁上看书的人真是不多，玩手机的人比较多。不过就像我举的例子一样，我始终认为在网络上“剥皮拆骨”地阅读远没有你实质性读完一本书理解得透彻，毕竟前一种是别人的总结，后一种才是你自己的真实体验。

所以，在想和人沟通而没有话题的时候，要学会适时地抛出一个话题，激发起对方的表达欲望，因为每一个人都渴望被倾听、被关注、被理解，这是人的需求。

夸赞：怎样迅速拉近彼此的距离

> 在日常沟通中，走心而具体的夸赞是绝不可少的社交话术，是人与人交往的润滑剂，是拉近彼此距离最好的方式。

前段时间，我问了朋友一个问题：你会夸赞人吗？她不假思索地回答我："这谁还不会？不就是赞美人好的地方吗？"但是事实真是如此吗？

这让我记起了小时候听的故事：有一个画家把瞎眼瘸腿的国王画得英俊端庄，国王却认为这是在讽刺他，于是叫人把画家拖出去斩首了。还有一个下级，每当上级讲完一段话，他总是夸赞“英明！”“英明！”，终于他把上级惹烦了，被降级调离了。所以，夸奖人，人人皆能；但会夸奖，绝非易事。

我们知道，尽管人人都喜欢被夸赞，但如何夸得得体，夸得深入人心，就是个技术活了。

那么，怎么夸人才能显得既高级又有格调，能让被夸的人心花怒放，迅速地拉近你们之间的距离呢？我这儿有三个方法。

第一个，叫作对话法。

你不要一上来就赞美对方，而是在对话中加入问题，通过询问对方，来表达对对方的关注，以及提出自己的愿景。

例如，你先问对方：“你有没有发现我最近口才变好了呀？”他说，“发现了呀，怎么回事呢？”这个时候你再说，“都是跟您学的，我最近学了您的十分钟演讲法，我这口才真的是一夜之间就飙升了，真是听君一席话胜读十年书啊。”你看这个夸法是不是就特别高级。

而且，在沟通中赞美要具体化、细微化、真实化。例如，好在哪里，漂亮在哪里，崇拜他哪一点等，千万不要泛泛地夸奖，具体化表明你认真观察了对方，否则无法说出他具体的优点，夸得越具体越能让对方感受到你的真诚。

第二个，叫作当众仪式感。

公共场合是夸人最好的一个舞台，因为你夸了对方，所有人都听到了，等于你给这个人颁了一个奖，做了一个认证。所以，当众夸人效果特别好，但是当众夸人要特别注意，不能太露骨。那个度要拿捏得特别精准，你要夸故事、夸细节，夸他真的值得你学习的那个地方，而且要夸得真诚、走心，同时要在乎其他人的感受，否则就容易弄巧成拙。

人际交往中，我们总会遇到不同类型的人。学会赞美他人，是拉近彼此间距离的一个好方法，但是赞美别人的时候，我们要由事到人，先找到对方做的某件事情或者某个行为，再肯定对方具备某方面的人格特质，这样的赞美才会让人觉得温暖实在。

最后这个方法，是不直接夸结果而是赞美过程。

假如你想夸我最近很自律，一直在健身，就千万不要一见面就说："娇姐，我觉得你最近瘦了好多呀！"你看这种夸赞方式就不够高级。

你要怎么夸，夸什么呢？

假如你这样说："娇姐，你真的好自律啊，我看到你每天都在健身，而且效果真的好，你看你瘦了这么多。"听到你这么说，我就会很开心，因为你并不是在盲目地恭维我，而是一直在关注我，并且是真的觉得我健身很有效果。

在我看来，人际交往中，夸赞是必不可少的，所以在社交场合，不要吝啬你的赞美，它是人与人交往的润滑剂，是拉近彼此距离最好的方式。

“

”

感谢：怎样得体地表达出诚意

“与人交际中，向人表达感谢非常常见。感谢他人时，抓住那些具体的细节，能让你的感谢更真诚、更生动。”

漫长的人生中，不管在生活中还是工作上，我们总会得到贵人或亲朋好友的帮助，那么怎样对帮助过你的人表达感激呢？

这也是有讲究的，切不可表现得过于谦卑或狂妄自大，那样会显得你很没有诚意，可能让人产生误会和隔阂，所以表达感谢也要有分寸。如果说批评能引发人与人之间的隔阂，应该会有很多人赞同，那么说赞扬和感激也会带来隔阂，应该会有人表示不解吧。

在生活中，我们要做一个懂得感恩的人，但是有时候我们的赞美和感激反倒会让别人觉得言不由衷，甚至在某些时候我们不自觉地把自己当成了裁判，这样就给他人带来了极其不好的感受。

试想一下，当你夸奖自己的小孩子时，是不是总会这样说话：“字写得不错！这次考得不错。”

你再设想一下职场的工作情景，同事甲说：“感谢你开车送我回来，你真是个好人。”同事乙说：“我觉得你帮我修改的方案很不错！”当你收到这些赞扬与感激的话，你心里有没有显露出一丝愉悦感？

的确，这些赞美的话语，虽然让我们感觉到片刻的成就感，但很明显，这里面都包含些许评判的意味，一旦体会到了这层意思，赞扬和感激也就变了味道，让人觉得你是不是另有所图。

所以，我总结了两种方法，让我们的感谢变得既真诚又高级。

第一种感谢，要感谢细节。

例如：别人做了什么事使我的生活得到改善；我的哪些需要得到了满足。比如，我们前面提到的例子，你不要说：“谢谢你开车送我回家。”你要说：“真的很感谢你送我回家，不然我就要赶上这场大雨，被困在路上了。”

再举个例子。当你要感谢某人在你遇到困境时给了你鼓励，你不要说：“谢谢您之前和我聊天，让我开心很多。”而是要换一种表达方式：“我特别感谢当我走投无路的时候，您通宵开导我，可能您不记得了，我却一直记得您当时给我的那个拥抱，您的一席话真的是改变了我的人生。”这样的称赞可以让对方清晰地知道，他做了什么事，并且帮到他人什么忙，或满足了他人哪些需要。你把感谢放到细节上，自然会让收到感谢的人，感觉到你的真诚。

第二种感谢，叫作曾经感谢，就是好像你是有感而发而非刻意地去感谢他。

打个比方，你想感谢你的大学老师，直接说："尊敬的张老师，非常感谢您对我的培养，您对我的教诲，我一直谨记在心。"效果就不如下面这种，你说："尊敬的张老师，我此时此刻正在某某奖项的领奖现场，手里捧着这个沉甸甸的奖杯，我太想跟您说一声感谢了，我太幸运，我人生当中能够有您这样一位导师，给了我极大的启发和帮助，此时此刻，我最想感谢的人就是您了。"

相信我，你的老师听到你这样一番话，绝对会特别开心，他会觉得你真的是一个懂得感恩的人。所以，有的时候，感谢不一定要在别人帮了你忙之后立刻说出，过了一阵子之后，再去表达会更打动人。

其实，人与人之间的关系交往都是互相的，如果在人际交往的过程中，能够力所能及地为别人做点什么，也会是件令人高兴的事。

请求：怎样让人愉悦地满足你的要求

“

当我们清晰地提出自己的请求，即时地给对方反馈，明确自己的诉求，充分考虑对方的感受后，才能为彼此创建健康良好的沟通平台，对方才能愉悦地去满足我们。

”

在生活中，如果我们不想勉强别人，那么应该清楚请求和命令的区别。这也有助于别人相信我们提出的是请求，而非命令。

不过，有时候我们自己可能也不太清楚提出的是请求还是命令。那就看当别人表示拒绝时，我们能否尊重他人的感受和需求；我们是否愿意去换位思考，找出是什么原因使他们无法说“好”。

那么，现在又有了一个新的问题：我们如何知道是否做到了尊重他人的感受和需求呢？大多数时候我们容易想当然，按自己的想法去做，其实在人与人的沟通中，很多时候我们所表达的与别人理解的，或者别人所说的与我们理解的，可能都不大一样。

举个身边最普通的例子：昨天一个同事问我："你明天下班去健身房吗？"

我说："去呀。"

她说："好。"

我自动地理解为：她明天要和我一起去健身房运动，而实际她只是问问而已。所以很多时候，我们以为尊重了他人的感受，理解了他们的需求，其实并没有。所以，我们不难发现，想解决这类问题，给出即时的反馈就显得尤为重要。

就以上面提到的去健身房运动的事情为例：当同事问我明天下班是否要去健身房，我在回答"去"之后，可以再及时补充一句"你要和我一起去吗"，没有想当然地以为约定了"明天下班后我们一起去"，而是用疑问句让对方觉得她是有选择权的，通过提问也可以比较好地确定对方到底是怎么样的感受和需求。

反过来，当我们请求对方却怕对方不明白自己的意思时，该怎么办呢？那就需要即时请求别人给我们反馈。例如，当你在跟同事对接工作时，你讲了一通需求之后，不要理所应当地以为"他都听懂了"，而是你可以补问一句："我想知道，我表达清楚了吗？"或者"你还有哪里需要我再做进一步介绍的吗？"这样如果对方真的有什么不解的地方，也可以借此机会和你再进行详细沟通。

最后要说的一点是，提出请求时一定要具体，清楚地告诉对方我们希望他做什么，但是我们日常的习惯通常是告诉别人不许他做什么，别人听到的时候通常会迷惑甚至反感。

举个例子。在学校里，有位学生家长对老师很不满意，但每次他对老师提意见时，只是说不希望他做什么，并且会提出一些比较抽象的要求，比如“公平对待”，因此双方的关系一直无法调和。

由此可以看出，当我们提出请求时，请求越具体越好，如果我们的意思含糊不清，别人就难以了解我们到底想要什么。如果当事学生家长可以提供一个具体事件供那位老师理解，例如：“您看之前我的孩子和 ×× 发生冲突时，您在还未深入调查的情况下，就断定是我的孩子错了，我认为这样非常武断，对小孩子成长很不利。”然后建议发生类似情况时，老师如何去处理，希望得到老师怎样的反馈。

这样明确的沟通，会消除双方的隔阂，加深彼此间的信任，相反，如果没有明确彼此的想法，仅靠猜测，最后可能会更尴尬。

此外，抽象的语言还会使我们无法深入了解自己，并且妨碍我们自我的认知，比如父母对孩子说：“我希望你有点责任感！”可是怎么样才算是有责任感呢？父母的期待其实是孩子要听自己的话，不要任性地固执己见。可事实上，他的孩子即使再听话，也难以和责任感画上等号。

所以，想让他人能够清楚明了地知道我们的诉求，并且愿意愉悦地满足我们的请求，就需要我们清晰地表达请求，及时给出反馈。

安慰：怎样温暖地传达你的善意

> 安慰人时要有分寸感和同理心，设身处地感受并尊重对方的感受，温暖地传达出你的善意，这样你会更招人喜欢。

前段时间有网友留言，问了我一个问题：“为什么越安慰别人，对方反而越难过？”

其实，大部分情况是因为我们用错了方法。当你面对刚刚分手的朋友，你是否这样安慰她：“别难过了，你看你还有男朋友可以分手呢，我连男朋友都找不到。”结果，你的朋友再也不找你谈心了。

面对努力学习却成绩不佳的孩子，你是否这样鼓励他：“继续加油啊，只要你努力就一定会考出好成绩。”结果孩子哇哇大哭，怎么哄都哄不住。之所以会造成这样的结果，最重要的原因是我们在沟通中缺乏同理心。

其实，不论是面对工作上的同事客户，还是面对生活中的亲人朋友，我们都要注意两点：

第一，安慰人也需要有“分寸感”。

所谓分寸感，就是当我们想要去安慰一个人时，要先问问自己，他需要我安慰吗？只要对方没有表达需求，就不要过于热情地去介入对方的事情。

例如，当上司遇到什么麻烦了，你知道后，不要抢着去帮忙、去安慰，因为他作为上司，肯定经历了很多危急的事情，这件事对你来说是大事，可能对他来说只是一件小事，平时他在下属面前都很坚强、能干，所以你的安慰对他人未必有用，甚至可能让他感到不舒服。那在这种情况下我们该怎么做呢？你可以说：“您看有什么我能帮忙协助的地方吗，我随时听您安排。”

第二，安慰需要的是同理心，而不是同情心。

在我看来，同理心不是“我可怜你”，而是“我和你感同身受，并且我愿意接纳你此时此刻所有的情绪”。

据说，戴安娜王妃有一个故事：在英国，有一个芭蕾舞童星叫艾利，戴安娜看过她的演出，并夸赞她的舞姿像洁白的小天鹅一样，特别优美。但是很不幸，艾利在 12 岁的时候，得了骨癌要截肢。这就意味着，她再也不能跳舞了。

手术前，很多人都来探望艾利，并安慰她。

有人说：“别难过，上帝肯定会特别眷顾你的，你说不定还有机会站起来。”

还有人说：“你是个坚强的孩子，你一定要挺住，我们都为你祈祷。”

而戴安娜也来到了儿童医院看望艾利。她做了两件事：

第一，把艾利搂在怀里。

第二，告诉她：“好孩子，我知道你一定很伤心。没关系，你痛痛快快地哭吧，哭够了再说。”

小女孩一下子泪如泉涌。

为什么会出现这种情景？因为自从她躺在了病床上，什么样的安慰都听过。但是没有人能真正理解她、接纳她的情绪，除了戴安娜。这种同理心和感同身受的能力，是戴安娜能在全世界范围内产生巨大威望的一个重要原因。

以戴安娜王妃的故事为例，不难看出她的同理心表现在：第一，我会陪着你，她将小女孩搂在怀里；第二，她用一句“有什么事情哭够了再说”表达出了：你有需求，我随时在，我想知道我能为你做点什么呢？

其实，表达安慰的方式有很多种。当对方情绪低落，没有表达欲望的时候，我们只需要安静地陪伴就好，不需要去勉强对方向你倾诉，也不需要制造话题，无声的陪伴让情绪自然地发生、流逝，往往就是最好的安慰。我们只要让对方知道一件事情，就是不论他什么时候想要跟你分享他的感受，你一直都在。因为安静无言的陪伴，也是有力量的。

鼓舞：怎样成为鼓励他人的能手

“

拥有积极的沟通心态，婉转地传达负面态度，更多地使用正面的、鼓励式的沟通方式，才可以成为鼓舞他人的小能手，才能增强团队的战斗力。

”

我曾经看过这样一个寓言故事，有一把坚实的大锁挂在铁门上，一根铁杆费了九牛二虎之力，还是无法将它撬开。钥匙来了，它瘦小的身子钻进锁孔，只轻轻一转，那大锁就“啪”的一声打开了。铁杆奇怪地问：“为什么我费了那么大力气也打不开，而你却轻而易举地就把它打开了呢？”钥匙说：“因为我最了解他的心。”

其实，现在很多企业内部也存在着这样的问题：企业人员流动过快，员工与企业间的矛盾日益加深。企业的决策者们也是花了很多力气去解决这个问题，但是在这个过程中，似乎一直都有一把无法打开的大锁横在中间，让人头疼。究其原因就是没有做到对症下药，没能去了解这个问题的“心”。

那么，接下来我们就讲一讲在公司团队管理工作中，如何鼓舞团队的士气。举个例子：某银行总行行长给分行行长开会，总结本季度的存款营销指标完成情况，同时也安排下个季度的工作任务。接下来，分行行长层层向下传达，当高管们再给下属传达工作任务的时候，怎么说才能更好地鼓舞团队士气呢？

有的高管会在第二天早会上对员工们说：“昨天季度会上行长点名批评了我们，说我们的业绩非常差，本季度我们要完成××存款的营销指标，否则不仅没有奖金，还会面临大幅度的减员。”显而易见，这样的说法方式是非常失败的，不仅没有给团队士气带来半点鼓舞，还大大削弱了团队成员未来的工作积极性。

如果换下面的这种方式，你觉得会怎样？

“季度会上行长说了，我们行的业绩排名是第十名，现在距离第九名仅仅差一千万元的存款营销指标，我们下个季度只要把第九名拉下来，今年大家年终奖翻倍，听到没有？如果大家都听明白了，我们就一起努力，必须完成目标。”听到这样的话语，是不是让人浑身充满干劲！

所以，管理者在与员工沟通时，当准备吐槽、不屑、批评的时候，请收起冲动，因为刺耳的语言太有杀伤力。也许在你说得痛快的时候，已经伤害了很多人的感情，甚至有的人可能“躺着也中枪”。

如果下属工作失误时，你对他说：“这件事是你的错，你必须承担责任。”那么大概率只会引起对方的挫败和抵触心理，你是否可以把你的否定态度表达委婉些，再讲出你的要求，可以试试这样说：“你这样做的确是有不对的地方，如果这么修改，可能会把损失降到最低，同时我希望你可以主动承担责任，当然我也会帮你一起完善这个方案。”

管理学中有个木桶原理，说的是一个由很多块木板组成的木桶，决定其容积大小的不是最长的那块木板，而是最短的那块。

企业也是如此，各个部门的每一名员工就是那些组成木桶的木板，而企业的竞争力就是木桶的容积，所以我们总是强调企业应该更多地使用激励的方式，来解决员工与企业间不相容的问题。

不过，这并不是让企业事事迁就、刻意去讨好员工，而是说应该充分发挥沟通的作用，尝试用鼓励性沟通方式来解决企业内部的矛盾问题，找到打开员工心锁的钥匙。

评论：怎样让人对你产生信赖感

社交媒体环境下，每一条评论都是展示自我的机会，运用赞美加递进式的方式去评论，自然地加深他人对你的印象，你将有意想不到的收获。

不知道你的朋友圈里有没有这种人。

你在外面吃泰国菜，发了一组食物的九宫格，其中有一道覆盖着黄澄澄的咖喱。

他评论说：只有我感觉像一摊……那啥？

你发了最近在读的一本书，写下几句经典名言想要分享给更多人。

他回复：还在这装文化人呢。

你发个自拍美照。

他回复：你这美颜开了多少级？ ps：连美颜都救不了你眼角的皱纹了。

你生气实行“拉黑删除一条龙服务”。

他反倒不解了，非要告诉你：“我只是把事实说出来而已，我这人心直口快你别介意啊。”

上面这个案例虽然夸张了一点，但生活中我们身边总会有几个情商极低的人，口无遮拦的话语着实让人无奈。

其实很多时候提到“情商”，人们都会想到两个词：察言观色、能说会道。大部分人认为高情商的标志就是会说话，能把话说到别人心坎上，在人际关系里如鱼得水。于是，很多人也从改变说话的方式开始，学着提升情商，把批评抱怨变成认可赞美。

但随着微信、短视频等社交媒体逐渐渗透到日常生活中，我们只需动动手指就能了解对方为人如何、兴趣爱好是什么，甚至一个人能力怎样、有什么特长、情商高低……这些相对隐性的特点也都暴露无遗。所以，一个人情商的高低并非完全从面对面的对谈中体现，在社交媒体上的评论留言，也能窥见一二。

那么，该如何运用好这一块社交高地，充分地展示自我呢？

我们举个例子。比方说，一位客户做的面包很成功，发个朋友圈小小炫耀了一下，如果你在这条朋友圈下面留言：宝子你真牛！那么，这条评论我最多给打 60 分，为什么？因为你确实是给客户捧场了，但是这条评论压根没走心啊。

那如果你发了这么一条，说：亲爱的，你真是一个上得了厅堂下得了厨房的大美女啊，我隔着屏幕都闻到了面包的香。这样的评论我就要给你 70 分，因为你开始非常走心地去赞美。

那么，高段位的评论是怎么样的？在我看来是这样：亲爱的，没想到你还会做面包。天哪，这个面包做得真的是色香味俱全，你有什么秘诀能不能分享给我啊？你怎么做的？教教我呗。

你可能会不解，为什么这条评论会打动别人呢？因为你靠这个评论把你们之间可能并不熟悉的关系创造出进一步交流机会。因为一条评论加深了和客户之间的情感联系，这是很高端的事情。

那么接下来你可能会问，如果她真的给了你做法，你要怎么办？显然如果你想进一步加深你们之间的联系，你就要去做面包，做完了之后你要给她发过去面包成品的照片，对她表示感谢。例如，原来秘诀在这啊，我说以前我怎么每一次做都失败了，太厉害了啊，等你有时间我要好好地感谢你一下，什么时候有空我们约饭。

你看这个递进式的加固联系，既不会让你的客户感觉突兀，又很自然地让你们之间的关系发生了转变，这就是高情商带来的意想不到的收获。

这件事情可以说是做到了“无中生有”，本来没有机会，但是我会创造机会，本来你对我并没有多深刻的印象，但是我通过一条评论就在你的众多朋友当中脱颖而出，让你对我产生信赖感。

PART 3
社交篇

PART 3

第六章　向上社交

主动向上社交

> 每一次与上司的谈话，都是一次向上社交的机会，记住这个公式：管理期待 + 能量反转 + 先抑后扬，你将会得到意想不到的收获。

提到向上社交，很多人可能会浑身不自在，他们觉得这和求人办事、勾搭比你优秀的人是一码事，甚至可能不少人还会很不屑。

其实，向上社交不等于溜须拍马、阿谀奉承。社会结构体系中，我们需要关系，尤其在职场中，每一种关系都很重要，况且不是每一种关系都是平等的。不平等关系的沟通，往往是有价值的沟通，向上社交带来的是社会关系和职场关系质量的提升。

但是，对很多职场人来说，向上社交是一大难题，一部分人对此很是排斥，还有一部分人则是既渴望又拒绝。那么向上社交沟通起来真的那么可怕吗？完全不，如果你觉得可怕，那是因为没有掌握秘诀。当掌握向上社交的秘诀后，难题就会迎刃而解。

某天刷抖音时，我无意间看到一部短剧，剧情很耐人寻味，场景是这样的：

下班后，公司职员王飞还在忙碌地做着报表，这时上司走到跟前询问他："小王，最近工作怎么样啊？"

面对这猝不及防的问候，王飞显然有点慌神，只见他热情而急切地回答道："哎呀，我工作感觉太好了，我们的公司简直就像家一样，同事很友善，张总您很有领导力，一切都非常好，我在这里工作真的觉得幸运极了。"

张总显然也没料到这一番"发自肺腑"的客套话，略带尴尬地笑了笑，然后转身离开了。

看到这一幕时，我正在吃午饭，差点没把我逗乐。我忍不住跟身边的助理说："他这样跟上司回话，真的非常尴尬，不仅没能让上司了解他的工作状态，上司对他也不会留下多好的印象。"

我的助理马上补充说："那他应该借机向老板反映问题吗？说上司终于有时间问我这个问题了，我有一肚子委屈要吐槽，同事把活都推给我，而且沟通起来也费劲，每天都要加班到很晚……"

"停停停，你这是干吗呢？你这情商是从马里亚纳海沟出来的吗？"我赶紧打住了助理的追问。我想，面对上司对工作的问询，很多人不知道如何回答，这或许是普遍现象吧。但我却认为这正是一个极佳的向上社交的机会，回答得好会收到意想不到的结果，如果不会说话，那就只能像上面两种方式那样白白错过了。

你知道社交高手遇到这种情况，会怎么做吗？

不兜圈子，我直接给你一个公式：管理期待，能量反转，先抑后扬，等待晋升。

首先，老板问出这个问题，其实极有可能只是跟你客套一下，但是你却要把它当回事，可以认真地反问他一句：“老板，您是随口问问呢，还是认真地想听我回答呢？”

哪有老板会说我随口问问，他一般都会说我是认真问的。这样你一个反问，就发生了能量反转，把沟通的节奏带到你这边了，同时也调起了他的胃口。

这个时候你再来一个先扬后抑，你可以这么说：“老板，整体感觉特别好，但是有一点点感觉不好的地方。”这时候，他就会想问，这一点点感觉不好的是什么？你要记住，你所说的这一点点不好，应该早就在心里做好应对方案了，这个关键时刻才是你向老板大展身手的时候，接下来你可以继续回答了：“老板，我发现我们最近的工作效率有一点点低，但是我有一个方法，可以快速地提高效率。”接着把这几条建议流利地说出来。

你看，这样说是不是就抓住机会了，这也就是两个人同时进公司，有人几十年如一日，有人“噌噌”不停地往上晋升的原因，因为人抓取机会的能力是不一样的。

所以，在职场当中向上社交的能力非常重要。机会总是留给有准备的人的，拥有良好的向上社交的能力，你的人际关系、职场晋升将会更顺利。

做好心理热身

> 想突破社交障碍，就要做好心理热身，应对上司的发言，你要学会学习式认同，幸福式共鸣，谦虚式表态。

你有没有过这样的经历，在稍微正式的场合，和别人特别是上司说话时，总会很紧张，语无伦次，甚至声音都是颤抖的。这是因为你害怕自己表现不好，对自己期待值越高，也就越容易紧张。

我有个朋友是很严重的“社恐”，她跟我描述过每次参加聚会前的心理活动：第一个想法就是，我不想去；第二个想法是，不行，必须得去，因为大家都去；第三个想法是，去了怎么办呢，融入不了，不知道说什么，不说话会不会扫大家的兴。甚至一直到临出门那一刻，她还在想，有什么方法可以不去吗？

想克服这种状况，其实也不难，就要做好心理热身，也就是提前做好心理建设。那么，具体方法有哪些呢？

首先，在心理上给自己施压。明确地告诉自己，人在社会，必须要交流。其实，当你大胆地和大家交流后会发现，没有想象的那么恐怖，微笑说句“你好”，别人回馈给你的也是一种充满善意的互动。

其次，能量练习。在出门和别人交际前，可以在家对着镜子练习，预演今天准备展开的话题，并且大胆地鼓励自己，赞美自己，给自己自信，增强自己的能量。

最后，实际练习。你可以设置一个小目标，比如每天必须和一个人互动几分钟，如果压力过大，你可以选择打招呼，围绕着日常谈话就好。

解决了主动开口的问题，接下来我们再说，当你遇到公众场合的临时发言且不能拒绝的情况时，又该如何告别语无伦次，变得从容不迫呢？

比如，在部门会议上，上司和同事都在场，上司突然叫你发言。这个时候，如果你说不出什么，那上司会这么认为，第一，你没有想法；第二，你不自信；第三，你怎么不捧场？

所以上司叫你发言，你一定要尽量表现得体，撑得起场面。我总结了一个发言公式，你可以试试。

这个公式叫作学习式认同，幸福式共鸣，谦虚式表态。

这是什么意思呢？假如上司在场发言，你一定不要那么懒，你真的要认真听上司讲话，大致记录下上司发言的重点事项，甚至发言中发人深省的感悟和经验分享。看到这些简要的记录你就能回忆起上司的一席话。那么当你被叫起来发言的时候，你就不会脑袋空空了。

你可以这样说："没想到您今天叫我发言，我没准备，但今天我真的特别有收获。刚才张总讲的那句话，我特别有感触，一下子就让我明白了，我过去很长时间想不明白的一个问题。"这就是学习式认同。

接着你可以说："在咱们公司、在这个团队里，我真的感觉特别幸福，能够有这么多有能力的同事，我真的觉得我很幸运。"现在不仅上司听着舒服，所有听你发言的人都会很开心。这就是幸福式共鸣。

最后，你说："我这个人有点笨，但是我特别感谢团队对我的支持、同事们对我的帮助，还有上司在前面给我们做榜样，我虽然笨吧，但我笨鸟也会先飞，我今后会多努力一点，一定不给公司、团队丢脸。"

这番话把每个人都照顾到了，可以说是一个万能草稿话术，好好揣摩学习，将有利于向上社交。

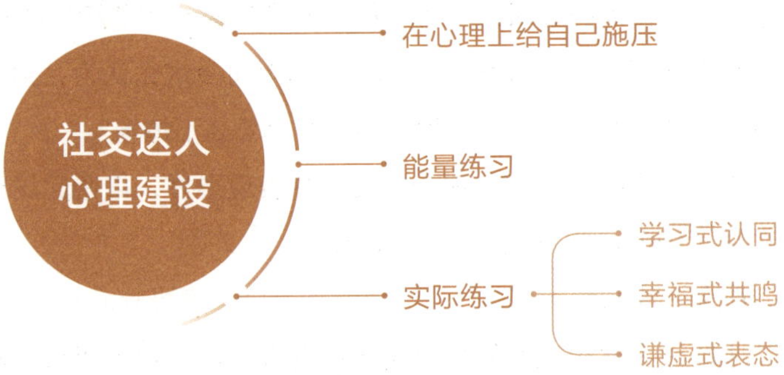

如何结交牛人

“

结交牛人的话术中，要重点突出自己虽然是菜鸟，但也具有一定的实力，通过对引荐人的感激，表达自己是一个懂得感恩和有情商的人。那些牛人都喜欢具备这些品质的人才。

”

生活中，我们都特别想结交牛人，牛人可以在你有难处的时候帮助你，可以开拓你的眼界，可以帮你达成愿望，甚至改变你的命运。

但是为什么牛人特别难结交呢？因为牛人也想结交更牛的人，想要牛人向下结交你，就需要你对他来说是有价值的。

在此之前，我们需要先了解人际交往中的三个底层逻辑。我问你三个问题：

第一，你觉得你更愿意结交那种能力很强、很有发展前途的人，还是愿意结交那种摆烂、躺平的人？

第二，你愿意结交对自己有帮助的人，还是愿意结交需要帮助的人？

第三，你愿意结交懂得感恩的人，还是愿意结交过河拆桥的人？

我相信，上面这三个问题，不出意外不会有第二种答案，大家选择的应该都是前一种人。

那么，当我们明白了社交的三个底层逻辑，你就知道了，如果你见到牛人，你的自我介绍中必须有这三个元素：

第一，你很有实力，很上进，很有发展前途。

第二，你是一个懂得感恩的人。

第三，你这个人有情商。

懂得了这些，我们就可以来学习结交牛人的万能话术了。不管你在什么场合，只要有机会结识牛人，运用好这些技巧，无须巴结和讨好，保证让牛人特别喜欢你，特想认识你。

首先，一般结交牛人，都会有人来引荐，那我们假设这个引荐的人是陈总，你可以这么说："特别感谢陈总今天给我这个机会认识各位老师，我做的只是一点小事，但是在我的小领域中，还算有一点成绩，也有那么一点小小的影响力。"说这话的意思，表明你虽然是菜鸟，但是你也是有能力的，你不是一个摆烂的人。

接下来，你要把你懂得感恩和有情商再强化一下，也就是要重点强调陈总对你的影响了。你可以这样说："陈总对我的影响特别大，他是我生活中的好老师，好哥哥，我很感激他，不过陈总也非常忙，未来各位老师如果不嫌弃，有事需要张罗，我都特别愿意，我特别感恩，希望未来有机会能够跟各位老师学习。”

你看，除非这些人是铁石心肠，换成你是牛人你也愿意帮忙，这个人又上进，又懂事，还有能力，我为什么不帮他呢？

制定谈话简历

“

提前准备谈话简历将对我们的社交十分有利，我们不需要用聊天去征服谁，只需要通过聊天让自己更明确地被理解，让对方感受到我们真诚的尊重和热情。

”

你有没有体验过高级的愉快交谈，就是那种你一言我一语的沟通，每个音节和词语都能获得适合的回应，交流的过程让你觉得十分顺畅，不尴尬也不亢奋。

聊天是一门学问，有的人能不断制造新的话题，让交谈越来越深入有趣；有的人却一句话“见血封喉”，让你对接下来的对话不抱有任何期待。这就是聊天高手和聊天终结者的差别。

举个例子，假如你跟我说你上周看了一部很不错的电影，我听完后立刻跟你说，我也看过这部电影，并且热情地跟你分析我的感受，我的体验，然后我们交流了电影里的细节和故事，这种具有相同体验感的共鸣会让整个交流十分愉悦。反之，如果你说完之后，我很简单冷漠地说，只是一部电影而已，没什么。那你一定不会有兴趣跟我继续聊下去了。这就是聊天能力的差别。

在沟通的过程中，我们都是有目的的，哪怕是闲聊天，也想让别人感受到你的友善和想要进一步交流的愿望。在这个过程中，让自己成为聊天高手，会让你的社交事半功倍。

而你不知道的是，谈话高手都是有谈话简历的，他们在对谈开始之前，已经提前为自己准备好一番攻略了。

你想不想把聊天高手们的谈话简历拿来用呢？我通过和诸多不同行业、圈层的人交流，总结出了以下几点，希望对你有所启发。

第一，用生活细节打开话题。

当你和别人聊天的时候，可以用问句开始，比如你上周末去哪里玩儿了，开不开心啊，工作顺利吗，等等。这些都是容易打开话匣子的话题，如果是初次见面的朋友，那么聊聊别人的衣服鞋子和喜好，都是不错的展开方式。

第二，懂得自己的高光魅力。

给人留下美好的第一印象往往十分重要，除了你的形象之外，你本人最有特点、最有魅力的经历，就是能够提升第一印象好感度的重要素材，可以平时准备一些，比如那些有趣的经历、好玩的故事等，可以提升你在说话时候的个人魅力，也是增强个人吸引力的关键因素。

第三，了解近期的热点话题。

短视频媒体这么火热的今天，每个人每天都会接收大量的信息，那么最近的重要新闻、热点话题，你是必须要有所了解的。

不仅如此，你的观点也很重要，比方说秋天的北京最适合去哪里赏枫叶？哪里又多了一家网红餐厅？比如银行利率是提高了还是降低了？这些内容可以广泛一些，不需要过于深入，因为这只是一个话题，有自己浅浅的观点，代入到聊天当中，更容易找到跟对方共同的喜好。

第四，提高阅读量。

这个话题也是屡试不爽，虽然现在生活节奏很快，可是爱看书的人还是不少，从网络小说，到哲学历史，平时多准备几本最近在读的书籍，那么阅读的心得就是聊天时候信手拈来的话题。

第五，娱乐聊天的话题。

比如星座血型，这种话题门槛不高，而且人人都有，不管是多么不爱交流的人，他也有自己的属相、星座和血型，尽管他可能不信，可是这个话题确实能够直接让所有人有参与感。不同的性格，不同的喜好，都可以用这种玄之又玄，却又有趣的方式进行交流，而且可以毫无负担。

学着成为一个聊天高手，一个谈吐得体大方的人，这样会令你周围的人感觉很舒服，在社交过程中的效率也会大大提高。

除此之外，一个善于聊天的人，更容易博得别人的好感，不管是客户也好，上司也罢，都可能因为一个人的谈吐而对其另眼相看。

我们不需要用聊天去征服谁，只需要通过聊天让自己更明确地被理解，让对方感受到我们真诚的尊重和热情。这是社交成功不可缺少的重点。

PART 4
能量篇

PART 4

第七章　不说话也没人忽视你

让眼神会说话

在社交活动中，眼神的表达对于谈话的内容至关重要，一个谈话高手一定是一个懂得眼神管理的人，每个人都应该重视起来。

你有没有这种感觉，有一些人，她长得挺好看，但你就是觉得跟她气场不合，就觉得怎么看都没有眼缘，你看她一眼就觉得不喜欢这个人。

你有没有想过，到底什么决定了一个人的气场和眼缘？是因为她的穿着你不喜欢吗，还是因为她的样貌？如果仔细观察一番，你就会发现，其实是因为她的眼神。

我们常说，“眼睛是心灵的窗户”。眼神对一个人的影响至关重要，它能反映出人的真实想法，甚至内在修养。还有句俗语叫“皮笑肉不笑”，说的就是一个人的表情看上去是在笑，但是因为他的眼神里并没有笑意，所以其实他在假笑。

我一直认为：一个能量高、懂得说话之道的人，一定要进行表情管理，而表情管理当中最重要的是眼神。

那么，好的眼神是什么样子的呢？

我想，它里面应该有好奇、有温暖、有理解、有信任、有温度，还要有光，就是一个人的眼神当中，能让你感觉得到他对你的尊重和喜欢。而一个人一定要在心里面能够真的做到这些，他的眼神才能够传达出来。因为一个人很难做到，心里明明讨厌一个人，但眼神却能够让人感觉到喜欢。

那么，在与人沟通对话的过程中，哪些眼神是值得注意，永远不要有的呢？

我总结出了以下四条：

第一是永远不要上下打量一个人；

第二是永远不要斜着眼睛看人；

第三是永远不要用眼角看人；

第四是永远不要俯视别人。

用上面这四种眼神看人，都是极其不尊重他人的表现，会给人一种居高临下的傲慢感，让人极其不舒服。

无论你觉得你的能力比对方强多少，甚至你的地位比对方高多少，都不要用这些眼神去看人。因为你一旦习惯了用这样的眼神看人，就很容易在不知不觉中将其幻化成你的一种气质，让人不自觉地想敬而远之。

说完沟通中不能出现的眼神了。那么，我们应该怎么去管理我们的眼神，让眼神看上去生动会说话，灵动又迷人呢?

对此，我也有自己的小秘诀，在此分享给大家。

第一，经常去做眼神操。

（一）保持头不动，伸出一只手在眼前画一个大大的“米”字，然后转动眼珠，跟随着手部的滑动做出相应的转动，把一个完整的“米”字走完；

（二）眼珠向上翻到极点，睁着眼睛按照顺时针方向极力转动五圈，然后再反过来逆时针最大限度地旋转五圈，这样能让眼睛显得特别灵活、灵动。

（三）在上面训练的基础上，可以把眼睛用力瞪大，保持不眨眼，盯着远处的飞鸟或者近处的蚊虫，追踪它们的飞行轨迹。长期按照这个方法训练，能够让眼神炯炯有神，眼里有光。

第二，对着镜子练习不同的情绪表达，让眼神学会说话。

平时没事或者录制视频的时候，给自己设定一个情景，去寻找相应的眼神表达并反复练习，比方说：用眼睛去提问，让你的眼神里有问号；用眼神表示懂了，让你的眼神表现恍然大悟之感；用眼神表达崇拜、喜欢、厌烦和委屈。

你会发现，你的眼神里蕴含了不同的内容，多多去做这样的练习，慢慢地你的眼神就会说话了。

当你真正练习起来，你会发现，这些其实没那么难!

让声音更洋气

在谈话中，不同的声音能传递出不同的能量，不同的场合适合不同的发声方式，去有意识、有针对性地练习发声，你会发现一个全新的自己。

开始做自媒体后，经常有朋友给我留言：

“娇姐，你的声音怎么听起来这么高级，这么洋气。”

“娇姐的声音真有国际范，不愧是专业的主持人！”

“娇姐的声音很多变，可甜可盐，真的太爱了。”

在与人沟通中，说话时一个人的声音、气息等细节带给人的感受区别是非常大的，想用高超的说话技巧，营造出良好的沟通环境，声音的细节是不可忽视的。

很多见过我的朋友，都觉得我说话的声音特别洋气，表达也特别清晰，无论是什么环境总能相得益彰，给人一种非常舒适，让人不知不觉沉浸其中的感觉。

其实，我想说，一个人的声音是天生的，但也绝非改变不了的。每一个专业的主持人，都曾专门学习过如何发声，他们都懂得如何发声让声音听起来更洋气，更悦耳，更舒服。

发声是一个复杂的学习过程，通常需要长期的训练才能掌握。不过在这里，我给大家介绍几种特别简单易学的发声方式，让你的声音瞬间变得洋气。

第一，是把你的尾音落到一半，不要完全落到地上。

落到一半能让你的语言更有节奏感，更干脆，但是要把话说清楚。

第二，就是微笑，微笑是世界上最优美的语言。

一个人说话的时候，只要从心底发出笑意，那么他的语言一定是有温度的。这样不论对面跟你说话的是谁，都会有如沐春风之感。这一点虽然平常，但非常重要。用心去感受一下，学到的话就能体会到其中的妙处。

第三，让声音稍稍靠前，但要注意不是发嗲。

声音靠前说出来的话，给人一种热切、有热情或很在意对方说话的感觉；太靠后的话就会让人感觉到无形的距离感，给人一种无所谓的感受。

第四，带着一半的气说话，不要完全用嗓子。

完全用嗓子发出来的声音比较厚重，听起来就土，如果你用一半的气说话，感觉就完全不一样了。

第五，声音要从上面抛着出，而不是从下面铲着出。

可以想象你的声音是一条抛物线，从开口说到一句话完整结束，从低到高再回到低，抑扬顿挫，这样发出来的声音听起来特别洋气。而铲着发出来的声音，听起来就比较拉胯，就显得土。

最后一个，就是不要为了让自己说话变得洋气，而刻意去学港台腔。那样说出来的话会特别矫揉造作，让对方感到很尴尬，非常不利于沟通。

自然流畅的表达是建立良好沟通的前提，而舒服悦耳的声音，会给人一种润物无声的感觉，从而有利于创造绝佳的沟通条件。

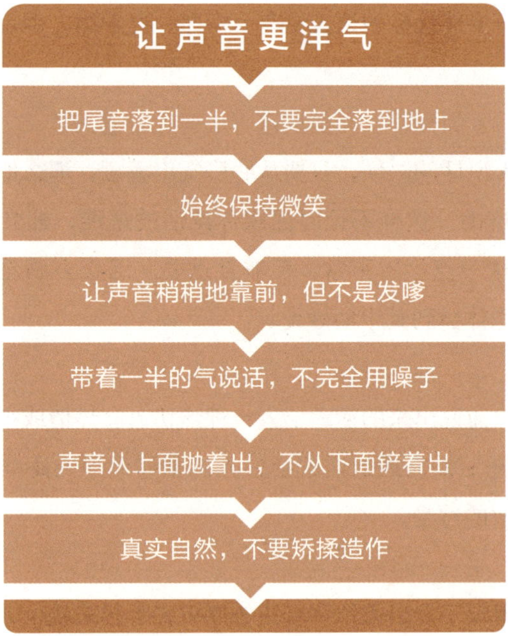

不同的表情传达

> 在社交对话中，不同的表情传达出不同的内容，注意表情要少，要尽量舒展，并且要为表情注入一点意识，体现出对他人的尊重，也礼貌地表达自我。

一个女人过了30岁，必须注重三个管理，一个叫作表情管理，一个叫作容貌管理，还有一个叫作设计管理。

那我们重点说说什么是表情管理，有个问题想要问问大家，提起表情管理你会想起什么？是舞台上偶像的绝美 wink（眨眼示意），还是一笑露出八颗牙齿的标准微笑？其实关于表情管理的学问远不止如此，表情或肢体语言虽体现在外部，却发源于内心。

拥有合格的表情管理能力，能让你的一颦一笑都充满魅力与风情，而这正是表情管理能给你带来的气场提升。

你会发现，那些平时就注意表情管理的人，随时随地都是美的。而我们自诩的自然，表现出来可能完全不是自己想要的效果。有时候想表现自己的深沉，拍出来可能是在发呆；想表现自己的纯真，拍出来可能在犯傻；想表现自己的不羁，拍出来可能是不屑……

做好表情管理分三步：

第一步，表情要有度，要在可控的范围之内。

比方说，我们要把眼神放正。无论是眼睛大还是眼睛小，单眼皮还是双眼皮，这些都不是最关键的，最关键的是眼神要放正！

这么多年来，我们跟很多人有过面对面的交流。回想一下他们的眼神，最令你觉得不舒服或不愉快的眼神是哪些？反正我比较受不了几种：1、头微垂，翻着眼睛看你；2、头微偏，斜着眼睛瞟你；3、目光游移，拿眼睛打量你……也许他们并没有恶意，纯属个人习惯，但这个习惯真的很不讨喜。看人就正视人家，看你旁边的人，就把头转过去正视他，看再偏一些的人，就把肩膀也转向他，正视人家。目光歪歪斜斜，眼神躲躲闪闪，那么你一定无法与他人建立和谐的沟通环境。

再举个例子：你进办公室时的表情，决定了同事一天的心情。确实如此，表情是情绪传达的窗口，你用什么表情，就代表着你今天是什么心情。

日本自律神经研究家小林弘幸教授就曾经指出：面带微笑地讲话可以调动副交感神经，即便是假笑，也能得到相同的结果。将微笑投射给他人，不仅有利于自身的健康，还可以调动他人的自律神经系统。

由此看来，若能时常面带笑容，不仅对自己有好处，也能使周围的人感到愉悦，产生良性的连锁反应。当然微笑是件好事，可若是笑得很狰狞或者笑得像在讥讽别人一样就是一件窘事了。别搞出哭笑不得的表情，所以一定要照着镜子仔细体会牵动的是哪一块肌肉，不能动的是哪一块肌肉，展现出自己最自信真诚的笑容。

第二步，表情要舒展。

在你没有太多情绪的时候，要让你的表情尽可能是一个舒展的状态，呈一种活泼随意的放松状态，这样会让他人觉得很亲切。

值得一提的是，有的人习惯紧皱眉头，有的人喜欢频繁抿嘴，还有的人会时不时眨眼睛，这些细微的表情动作，都会被他人敏锐地捕捉到，不同的人对此会产生不同的解读。所以，我们要注意自己的表情，有意识地改掉一些不良的小习惯。

第三步，给表情注入一点意识。

曾经看到有个网友的评论说：“就算你不喜欢他人说的话，也不能表露在眼神里或者表情上。”

确实如此，与人沟通时，最希望得到的是对方的认可和正向反馈，而这些都可以通过表情表现出来。不恰当的表情，不仅会引人反感，也体现着不尊重。

在我看来，职场中的表情管理，重点在于管理，不是抹杀内心的表达。毕竟在工作中没有一帆风顺，情绪崩溃会有，表情失控也难免，不必压抑，在合适的场合采用合理的方式表达出来。找到恰当的方式，控制好表情，才能在工作中越走越远。

我们常常以为“表情管理”是专属于明星的，可实际上，它应该属于每个人。管理好表情，不是要戴着“面具”，而是让你穿上“铠甲”，这样才能在职场和生活中披荆斩棘。

气场和亲和力兼具

“气场是一个人自带的经历沉淀，也是一种个人魅力。既有包容性，也有原则性并能掌握好边界感，让自己成为一个既有气场又有亲和力的人。”

我创业以来，很多人在我的视频下留言：

“娇姐，你真的是看起来气场又强又有亲和力！”

“娇姐，你的气场太强大了，一看就是个雷厉风行的老板。”

也有人在评论区向我发问的：

“娇姐，气场太强会显得生人勿进，这样人缘是不是就会变差？”

“娇姐，如果一个人有了强大的气场，是不是就不能表现得过于平易近人了？”

“娇姐，太羡慕你了，怎样才能修炼出强大的气场？”

我很感谢朋友们对我的高度评价，更感谢大家对我的认可和信任，正好借此机会说一说我对气场的理解。

我们常说，“×× 说话的时候很有气场，或者 ×× 站在那儿就不怒自威。”气场可以说是一个人自带的经历沉淀。气场，不是装出来的，而是炼出来的。很多商业大佬虽然其貌不扬，举止也谈不上多么优雅，但不得不说他们的气场真的很强大，那是因为他们经历过真正的风浪。

一个人的内心有多强大，他所向往和搭建的舞台就有多广阔，这不是一句痴人说梦的广告语。我们每个人先天拥有的东西不一样，有的人生来貌美、聪明，有的人却相貌平平、头脑驽钝。然而，与生而来的财富只是人生的一小部分，后天培养的内心力量才是我们的定海神针。跟商品不一样，内心的力量没法用货币来衡量，但是当内心的力量被启动、激发的时候，一股不可阻挡的气场就洋溢出来了。

那么，我们该怎么提升自己的气场呢？

首先，从改变内在开始。

一个人在职场披荆斩棘，能力是压舱石。没有很强的专业技能，内心就会产生胆怯，在气势上就会输人一筹，而这种心理的忐忑会在神情、语言和动作上显露出来，俗称没底气。当然，能力的提升需要靠不断学习，不断历练等一系列实践来获得，这是一个长期积累的过程，需要我们有极高的自律能力和学习能力。

其次，说话要果断干脆，一定不要吞吞吐吐。

说话的时候果断干脆，自然流畅，才能给人一种自信的感觉。曾国藩说“言慢者贵”，指的是我们说话的语速要放慢，而不是内容的滞留。

第三，谈话时的坐姿很重要。

在与人面对面谈话交流的时候尽量坐直，让人感受到你的自信和可靠，同时面部表情要放松，不要坐直之后整个人都绷得紧紧的，让人觉得你很拘谨或者高不可攀。

最后，提升自己的亲和力和包容度。

有一种理论说人的气场可以分成三个形状：圆形，三角形和正方形。圆形就是没有棱角，没有冲突，这种气场极具亲和力，可是在执行力上差一些，不容易让人信任；三角形的气场极具攻击性，让人不敢靠近，给人一种拒人千里之外的感觉。我们所提倡的是正方形的气场，横平竖直，看起来温文尔雅，可又有原则有底线，该有棱角的地方都能恰到好处地显露起来。

我认为做一个有气场且有亲和力的人，要有包容性，也要掌握好边界感。换句话说，我们自己的原则要坚持，别人的意见也可以听取。

我一直相信：要允许自己做自己，也要允许别人做别人，就是这个意思。

有气场的人往往会更受人信赖，而有亲和力的人往往朋友更多，当这两种能力合二为一时，就会给你带来独特的人格魅力，容易吸引到更多优秀的朋友。

如果你对我讲的这些表示怀疑，那么不妨试试看，下次在做集体交流的时候，或者选择一个合适的场景，自信地站起来，用洪亮的声音，微笑着说出自己的观点，也许你会收获不一样的关注。

“

”

无法忽视的举止神态

“信息的全部表达 =7% 语言 +38% 声音 +55% 表情与动作举止。”举止神态不仅体现出一个人的修养风度，也展现出一种深层次的美，传达出丰富的意蕴。所以，我们不可忽视举止神态的修炼。

少女时期，我特别爱看《红楼梦》，令我印象最深刻的一处，是对林妹妹的描写，是这样说的：两弯似蹙非蹙罥烟眉，一双似喜非喜含情目。态生两靥之愁，娇袭一身之病。泪光点点，娇喘微微。娴静时如姣花照水，行动处似弱柳扶风……

曹雪芹老先生寥寥几笔，就勾勒出一个娇弱无力、病容动人的美人形象。尤其这几句对林妹妹举止神态的传神描写，更是引发出我无限的联想，真想知道林妹妹到底是怎样一副娇美的病容！

后来，我长大后，在接触不同人的过程中，也会特意留心观察对方的神态和举止。我曾见到过，许多笑容端庄得体、举止落落大方的主持人；见到过不少雷厉风行、表情冷峻的职场精英，也见到一些表情从容浅淡，举止沉静洒脱的商圈大佬……

可以说，在和每个人交往的过程中，对方的神态举止会带给你不同的感受，同时也携带着大量的信息，是无法忽视的存在。

美国心理学家艾伯特·梅拉曾提出一个公式：信息的全部表达 =7% 语言 +38% 声音 +55% 表情与动作举止。由此可见，神态举止在沟通中的重要性。

那么，我们应该如何培养自己良好的举止神态呢？

我个人认为，可以从以下几个方面入手：

第一，姿态和礼仪。

无论在职场上的社交场合，还是生活中与朋友会面，最基本的礼仪、礼貌一定不能少。亲人朋友相会时，我们的姿势神态会相对放松一些，但也不应该过度随意。在工作场合中，则更是如此，迎来送往的礼貌不可少，在与人对谈时，得体的坐姿、表情等也都需要格外注意。

这不仅是工作的需要，也体现出个人的修养。

第二，动作和形象。

动作和形象，指的是我们平时的言谈举止，所表现出来的形象。比如，对他人的态度是热情还是冷淡，对他人是否表现出体贴与关心，能否很好地帮助他人等。

当然，还有个人平时的仪态，例如，走路时抬头挺胸大步地走，这样看上去精神抖擞。再就是行动一定要干净利落，拖泥带水会给人反应慢迟钝的印象，那样就更谈不上气场和能量了。

第三，外貌形象。

一个人的外貌形象会给人留下最直观的印象。一个人起码要保持身姿挺拔、整洁干净，如果平时能够注意管理身材，拥有一个匀称健美的体型，那就更让人赏心悦目了，精神状态看上去也会更好。

相反，如果一个人不修边幅、邋邋遢遢，不要说能量了，恐怕别人看到后，连多说几句话的欲望都没有。

第四，服饰审美。

这个社会的审美标准很多元，比如，“偏瘦、偏白、偏柔”是美；飒爽英姿也是美；随性不羁的中性打扮也是一种美。根据这些“标准”，融合自己的特点打造最佳的审美特色，体现出你的审美取向和水平。

最后，还有一种装饰对任何人都适合，那就是——微笑。

当你不知道如何完善自己外表的时候，为自己的脸庞“穿上”微笑的衣裳永远不会出错。

英国哲学家培根说过：“相貌的美高于光泽的美，而秀雅合适的动作美，又高于相貌的美，这是美的精华。”

良好的仪态体现了极好的修养，也是一种风度的体现，是一种更深层次的美。每个能量高的人都不会忽视自己的神态举止所传达出的意义。

我相信，一个对自我要求高的人，在未来一定会成为人群中那颗璀璨耀眼的明星。

PART 5
氛围篇

PART 5

第八章　恋爱中的沟通要有氛围感

表白出心动感

“

表白时可以通过声音制造心动感、幸福感、温暖感和期盼感，要让对方单从你的声音中就能感受到你的心动，这样对方就容易被吸引和打动，恋爱的氛围感就有了。

”

那天在抖音上刷到一个男孩子向女孩子表白的视频：繁华的都市街道上，夜幕低垂，地面上用五彩的蜡烛铺成一个爱心形状，一个女孩子被牵着站在爱心中间，一个男孩子手捧一束鲜花，单膝跪地向女孩子表白。

许多年前，当我看到这种场景的时候，会觉得这简直浪漫得要死！但是现在，我不会这么想了。因为短短几秒后，只见被表白的女孩子转身飞快地逃离了人群，只剩下手拿鲜花的男孩子垂头丧气地站在原地，美丽的鲜花也随手垂在地面上。显然，这个男孩子表白失败了。

隔着屏幕，我无意猜测男孩表白失败的原因。以我现在的人生阅历回看这件事，我认为，这种兴师动众的浪漫表白，只有在两个人完全心意已定，只差一个表白仪式时，才会成为难忘的锦上添花。如果双方尚处在好感阶段，还不能确定对方的心意，一方单纯地想制造一场浪漫，我想大抵是不会成功的。因为，女孩毫无准备地被带到大庭广众之下，面对围观群众的起哄，并不会有多美好的感觉，更有可能感受到的是骑虎难下的尴尬。

所以，娇姐认为，表白固然需要氛围感，但不可冒冒失失地制造自以为是的氛围感，而是以考虑对方的感受为前提，循序渐进地制造美好的聊天氛围和表白感受。

那么，和心仪对象聊天时，如何营造出愉悦的聊天氛围，怎样表白能够营造出怦然心动之感，让人品尝到酸酸甜甜的恋爱味道呢？

这对一些人来说，或许特别简单，但相信也有一部分人一定会为此苦恼。不知道有多少人认为自己是“话题终结者”，压根不知道如何跟心仪对象表白，甚至打开话题对他们来说都很难。在恋爱这堂课中，懂与不懂之间的距离，堪比鸿沟。

现在，娇姐就来告诉你，表白时的氛围感，如何轻而易举地营造出来。

“ 你想不想知道呢？

” 表白时的声音要有心动感、幸福感、温暖感和期盼感，要让对方单从你的声音中就能感受到你的心动，这样对方就容易被你吸引和打动，恋爱的氛围感就有了。

要想表白出以上种种美好的感觉，我们需要做好几个准备：

第一，酝酿内在情绪。

充分调动你对一个人的喜欢、爱慕之情，回想和他在一起时轻松快乐的感觉，并且用声音把这种感受充分表达出来。

第二，脸含笑意，心也要含着笑意。

做一个肌肉练习，把你的苹果肌好好拍一拍，养兵千日用兵一时，得让它动起来，说话的时候不仅要脸含笑意，心里也要含着笑意，然后再说出“你知道吗，其实我特别喜欢你”。不妨试一试，当你调动情绪，心里含着笑意，脸上也挂着笑容，说出那句表白的话时，那种感觉和平时说话是完全不同的。

第三，在表白的时候，我们要 60% 的气和 40% 的声。

我在前文中曾提到过，我们的每句话说出来都包含着气和声。只不过我们平时说话时主要靠声音在传递信息，气息的占比相对较小，但表白的时候，注意气要更多一些，声要相对少一些，这样就更容易流露出情绪。

第四，表白的时候，不要站着，最好窝在沙发里或躺在床上。

一本正经地表白通常会给人带来紧张感，对方也会轻易地从语言中捕捉到这一点，但窝在沙发里或躺在床上就不一样了，它带给人一种慵懒感。这样整个氛围都是轻松愉悦的，不会给人带来压迫感和紧张感，那么整个聊天对话的氛围就会非常舒服。

除此之外，如果还想再暧昧一些，你可以喝点小酒或喝点牛奶。你可能会好奇，表白的时候，为什么要喝牛奶呢？这你就不知道了吧，因为牛奶会让你的嗓子听起来有黏稠度，听起来好像你已经心动了。

有的人可能就会说，这些方法对我来说太难了，我学不来，有没有更简单实用一点的方法啊？

别说，还真有。我再教你一个。

你可以抱着一个毛绒公仔，这样整个人会不自觉地柔软下来，说出来的话也会充满柔情蜜意，那样暧昧的氛围感就直接拉满了。

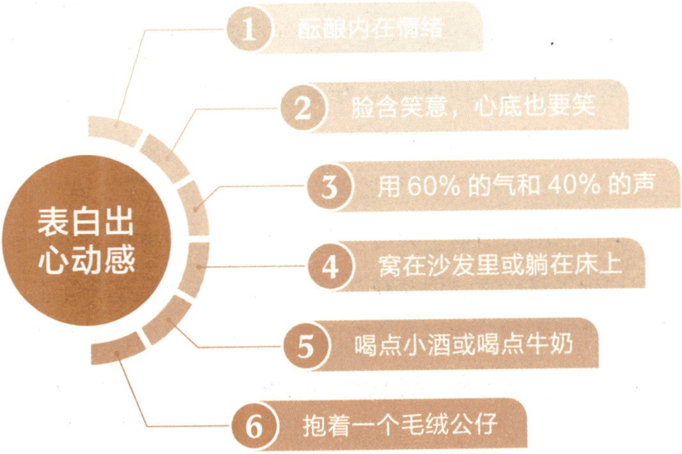

分手出距离感

> 分手时不要表现出恋恋不舍，要态度坚定，并掌握好声音，让对方充分地感受到陌生感，心理上产生距离感。

周末出去逛街，在购物中心看到一对情侣，仿佛是在闹分手，女孩哭得梨花带雨，一直在说："分手吧，我们别再见面了。"男生木然地站在女孩面前，就这样大概持续了二三十分钟。这让我想到，如果想分手，这种情绪状态大抵是分不开的。

如果说表白要营造出心动感，那么分手的时候就要让对方感受到距离感。

一段关系即将结束，无论如何情绪都不会太明快，如果一直哭泣，她要么是不舍、难过，要么是无可奈何，无论是以上哪一种，都无法传达出陌生感和距离感。

那么，分手时怎样表达出距离感和陌生感呢？

我从发声和说话的角度，跟大家谈几点我的看法。

第一，分手时，说话的语气和语调一定不能太嗲。

不妨体会一下，当你说话很嗲，或者向一个人撒娇卖萌的时候，其实你和对方的心理距离是贴得很近的，即便此时此刻你们正远在天涯互通电话，但你们的两颗心也是紧紧贴在一起的。所以，分手的时候，绝对不能发嗲，态度要坚定，语气要坚决，自动把两人的心理距离调远，这样说话自然就会产生一种陌生感。

第二，区别用气和用声。

两个人相爱时，说话通常用气会较多，最少也是用一半气一半声，这样容易营造出氛围感。但分手的时候，就要更多地用声了，几乎不能刻意用气了，这样说出的话会显得严肃冰冷，对方自然就能从你的语气中，察觉出你们之间有隔阂、有距离了。

第三，把口腔打开，发声部位更靠后。

学播音专业的人都知道，用不同的部位发出来的声音，听起来的感受完全不同。发声部位靠前，声音听上去更清亮明快；发声部位靠后，声音中会自带坚定感，听上去是十分沉静的。

第四，一定要站着说，不要坐着说、窝着说，更不要躺着说。

在后三种姿势下说话，发出的声音容易营造出慵懒感，这种语调不适合分手的状态，而站着说更正式、更严肃，让人感觉到提出分手是经过深思熟虑后，慎重的决定。

第五，可以在说话之前先喝一口水。

前面一节我们提到，表白的时候可以喝酒或喝牛奶，让嗓音听上去更有黏稠感，让声音听上去更性感。那么喝水就不一样了，喝完水再说话，嗓音会变得更清亮，这样表达出来的态度也更坚定，给人一种毅然决然、不可动摇之感。

第六，控制好音量。

分手时的音量，尽量不要和平时一样。可以比平时高一些，也可以比平时低一些，高一些的音量，能够起到提醒作用，引起对方的注意；低一些的声音，会体现出深思熟虑后的深沉感和漫不经心的释放感，自带一种不容对方挽留、没有回旋余地的诀别感。

总而言之，不论选择以上哪一种说话方式提出分手，都会让对方感受到隔阂、陌生、遥远。

实践出真知，语言文字看上去简单，但我更建议你多去自我练习，从反复实践中体会出其中不同的意味。

拒绝出无奈感

> 拒绝他人时，要充分地考虑到对方的感受，用婉转的语言表达自己的真实诉求，万不可伤及对方的面子。

如何高情商地拒绝别人的追求，这真的是一门艺术。

说起来很好玩，我们那个年代，如果有男生向我表白，我的真实反应说出来，你们可能都不相信。我是这样说的，“哎呀，你有病吧？你怎么能喜欢我呢？”

但这真的就是我们那个年代，面对追求者的处理方式，现在回头看，这种拒绝人的方式让人很莫名其妙。

有人喜欢你，向你表达喜爱，这并没有错，甚至是一件美好的事情。即使你不喜欢对方，想要拒绝他，也应该考虑到对方的感受，要做到既不伤害他的面子，还向他婉转地表达了“我们不可能”的意思，我想这样才是比较得体的方式。

有的年轻人就不服气了，说你可以这样说啊：“你是个好人，你太优秀了，我配不上你。”抬高他人，贬低自己，这样总不会有错吧。

其实，我也不赞成这种简单粗暴的拒绝方式。这种方式虽然听上去是抬高他人，但却给人一种敷衍且虚伪的感觉，为了拒绝他人的喜欢，表现出不真诚，我认为这并非良好的说话方式。

拒绝既要礼貌，照顾到对方的感受，不伤害对方的面子，同时也要表达出自己的诚恳，这样才称得上高情商的说话方式。

在这里，我给大家介绍两种拒绝追求者的方法。

第一个，叫讲故事法。

当一个男孩子真挚地向你表达爱意之后，如果你觉得你们不适合或者你并没有和他进一步发展的想法，你可以这样回复他，“被人喜欢是一件开心的事，但我对我的前任念念不忘，我还没有从前任给我的情伤中走出来，我可能需要很长一段时间自我恢复，所以我现在还没有做好谈下一段恋爱的准备。我很感谢你对我的喜欢，但也感到很抱歉！”

这样你首先回应了对方对你的喜欢，虽然被拒绝但你让对方感觉到了你的善意，同时你诚恳地表达了自己无法开启下一段恋情的原因，对方会进一步感受到你的真诚。这样对方即使惨遭被拒，也不会产生尴尬或其他不舒服的感受，反倒会认为你是一个懂得尊重自己，同时也尊重别人的人。

第二个，转移法。

如果你对追求你的人不想留任何余地，想斩钉截铁地拒绝，那么你可以大胆使用转移法。

你可以这样说："谢谢你喜欢我，我特别感动。但是我目前一心只想先把事业搞好，在创业成功之前，我暂时还不会考虑这个问题。所以，我不想耽误你的时间。

转移法就是将自己的注意力转移到其他的、对方无法拒绝的地方。现在年轻人都很看重事业，把事业放在第一位也无可厚非。这样的拒绝方式，既表达了自己，也不会伤及对方。

总而言之，要做到得体地拒绝他人的追求，是有说话公式的。

首先，不可表现出高高在上的傲慢感，相反要传达出你的感谢。

其次，一定要礼貌并照顾对方的感受。

最后，给出一个你正在面临的，且是对方无法解决的现实困境。

做到以上这三点，你在拒绝别人的时候，就能让双方都感觉到一种无奈感，这样就完美地体现出了说话的艺术和你的高情商。

嘴要甜心要狠

和异性相处时，“嘴甜心狠”几乎是默认的原则，这并不是说心机深。“嘴甜”是爱意的表达，“心狠”是原则的确立，这是双方和谐相处的关键。

看综艺节目的时候，记得几个女演员聚在一起交流恋爱经验，其中有一个女演员特别受老公的宠爱，一众人纷纷向她请教和男人的相处之道。这个女演员说过这么一段话，让我印象深刻：

当男人送你礼物的时候，无论这个礼物你有多不喜欢，一定要表现出很惊喜的样子，可以眼里冒着小星星，也可以激动得双手捂住嘴巴，然后撒娇地说道："哇……亲爱的，我好喜欢哦，你怎么知道我一直想要这个。我真的越来越爱你了呢！"

听到这样一番甜蜜的肯定和夸赞，男人的自尊心会得到极大的满足，这样下次他们还会继续给你买礼物。

假如老公或男朋友热切地送了你一份礼物，你打开礼盒时，却透露出失望的表情，甚至直接说："你的审美真不在线，怎么会买这么难看的东西，下次能不能不要买这种没人喜欢的东西？"你放心，只要你这样回复，保准以后他都不会再给你买礼物了。

这个女演员的话，我深表赞同。其实，大多数男人都渴望得到女人的认可和崇拜。

"你怎么可以把牛排煎得这么好吃，你好厉害啊，我以后都不要出去吃牛排了，你给我煎一辈子牛排吃，好不好？"

"你开车的水平真棒，一下子就把车倒进车位了，我每次都停不好，以后你教我停车，好不好？"

其实，像上面这样，在生活中肯定和赞美他人是一件极其常见的事，但是我相信有一部分人却不容易做到，因为他们羞于将赞美的话表达出口，或者根本不知道该在什么时候选择夸赞别人，以及怎么夸赞。

接下来，我将根据不同场景，列举几条夸赞他人的话术，希望能够对你有所启发或帮助。

如果有男生带你去迪士尼等游乐场玩，你可以说："我第一次来到这么好玩的游乐场，在这里玩就好像来到了小时候渴望的童话世界一样，这感觉简直太奇妙了……”

如果他带你去尝试了一家法国菜、泰国菜，你可以说：“我还是第一次吃到这么美味的鹅肝（冬阴功汤），你怎么知道这么多好吃的呀，你真厉害！”

如果他带你去爬山，你可以说：“我还是第一次登上这么高的山峰，站在这么高的位置放眼望去，真的有‘会当凌绝顶，一览众山小’的感觉，跟你在一起总能体会到不一样的风景，我真是太开心了。”

如果他带你去逛名胜古迹或特色胡同、弄堂，你可以说：“我还是第一次这么沉浸式地感受这些地方，和你一起走在上海的小弄堂里，有种时光突然慢下来了的感觉，你真是太会选地方了，我很喜欢这种感觉。”

在和异性相处过程中，要想创造一个舒服的相处氛围，赞美、认可真的必不可少。而且，女孩子要懂得利用自己的“柔”去化解男人的“刚”，是极其聪明的做法。

你能经常夸赞他，让他有被崇拜的感觉，这样对方会更乐于跟你交流，更愿意把心中真实的想法告诉你，这样将非常有利于你们之间关系的顺利发展。

上面说到的都是“嘴要甜”，会说话懂沟通有助于你们和谐相处。同时，与异性相处时，我们的心一定要狠，“心要狠”指的是，我们要有自己的原则和底线，如果对方触碰了我们的原则底线，我们绝对不会妥协心软。

在与人相处中，一个人越有原则，就越会得到他人的尊重。所以，请记住在与异性相处过程中，一定要做到以上两点，这样你们不仅能够和谐相处，还能够做到彼此尊重。

提供情绪价值

> 情绪价值可以给人带来一种积极正面的感受，这对双方关系的增进至关重要。一个能提供情绪价值的人，是一个心态积极、有共情能力、乐于沟通和解决问题的人。

近几年来，“情绪价值”成为一个被人反复提及的高频词汇。

那么情绪价值具体是什么呢？我认为所谓“情绪价值”，指的是一个人所具备的影响他人情绪的能力，包括关心、鼓励、支持、理解、信任、体贴、关注、崇拜等正面的情绪感受。

如果你和某个人在一起的时候，时常能够体会到轻松、愉悦、舒适等积极的情绪和感受，那么，很大程度上说明，对方是一个能够为人提供情绪价值的人。无论是在两性情感交流沟通中，还是普通社交场景中，能够给他人提供情绪价值，是一个人软实力的体现，这样的人在社交活动中越来越受人欢迎，在恋爱关系中表现得尤为明显。

既然情绪价值这么重要，那么我们该如何向他人提供情绪价值呢？

具体来说，情绪价值表现在两个方面，一方面表现为一个人说话所传达出来的能量；另一方面则是自身所呈现出来的状态。接下来，我想从以下几个方面，详细说一下，如何在对话及相处中传达情绪价值。

第一，表达理解和包容。

周末跟男朋友约好一起出去玩，结果男朋友临时打电话告诉你，接到公司通知必须回去加班，今天的约会泡汤了。你可以这样说："亲爱的，那你去工作吧，我虽然很失落，但我知道这是迫不得已。只是见不到你，我觉得我更加想念你了。"

在这种情况下，你通过"你去工作吧，但我知道这是迫不得已"表达了对对方处境的理解和包容；不仅如此，最后一句"见不到你，我觉得我更加想念你了"更是为对方提供了足够的情绪价值，因为这句话将取消约会带来的失落变成了一种爱意的表达，这样"取消约会"不再是加深二人情感的障碍，两个人不仅不会因为这件事吵架，还会因为这件事而加深感情。

第二，表达肯定和鼓励。

男朋友平时很少接你下班，这天他提前来公司接你，喜出望外的你可以这样对他说："亲爱的，虽然你今天下班早，但你愿意专程过来接我一起下班，我真的特别开心，你这样做让我觉得好幸福！”

这番话既肯定了对方接你下班的举动，同时也让对方知道，他这样做会让你开心。对于他人的付出，很多人羞于说出口或者觉得没必要刻意说，其实肯定他人非常有必要。当对方做出令自己开心的事情时，只有说出肯定和鼓励的话，对方才能感受到积极美好的情绪反馈，这样也有利于两个人的关系健康地发展。

第三，表达对他的崇拜感。

在两性关系中，男性能获得女性的崇拜，是自我价值的体现。

假如一个女生在与客户合作中遇到难题，她的男朋友或老公提出了建设性的建议；又或者她的电脑程序运行特别慢，男朋友帮她重装了系统，电脑运行提速了。这时候，都可以对对方说：“亲爱的，还是你厉害，总能在关键时刻帮我解决难题，我真的不能没有你！”

男性天生需要获得女性的崇拜，这样也可以展示他的能力和价值，你的肯定和崇拜无疑将会拉近彼此的距离，也更容易培养出对方愿意付出的习惯。

第四，表达关心和关注。

男朋友加班到很晚才下班，到家后给你打电话，你明显感受到了他的疲惫和低落，这时就不能埋怨他给你说话时状态不佳，心不在焉。一个能够提供情绪价值的女生，可以这么表达：“亲爱的，加班一定很辛苦吧，听你的声音觉得你的情绪不太对，工作上遇到什么状况了吗？”

“加班一定很辛苦吧”“听你的声音觉得你的情绪不太对”对

方收到这样的关心，内心一定会感觉到温暖；再通过进一步询问“工作上遇到什么状况了吗”，表达出你对对方情绪十分关注，同时也让对方知道,你已经做好倾听的准备了。如果对方不想说，那就选择尊重他的感受，给他冷静思考的空间，这代表你相信他有能力处理好自己的事情。当然，这时你也可以选择分享一些他可能感兴趣的话题，让他感受到愉悦。这是好的情绪价值的示范。

在两性感情中，能够共情和体谅对方的情绪，是为对方提供情绪价值的前提。

如果做不到这一点，那么在相处中，两个人就容易因为琐事而相互指责或抱怨，当对方听到这些负能量的抱怨或指责时，会感到很委屈，于是二者之间沟通的通道就被自动关闭了，彼此都无法知道对方内心真实的感受，也失去了客观看待事情的理智，那样情况就会变得糟糕。

所以，这就涉及另一个重要问题，一个能够为对方提供情绪价值的人，首先一定是一个心态积极、有共情能力、乐于沟通和解决问题的人。

我们要散发出这种能量，成为一个自身具备高情绪价值的人，这样在与人相处中，就能够创造出积极健康的沟通氛围。

学会恰当地生气

> 不会生气，受气的一定是自己。学会生气，温和平静地表达自己的诉求，提出自己的期待，而不必大动干戈，反倒更容易得到自己想要的。

在恋爱相处中，似乎总是伴随着生气。

但是你知道吗，生气分两种：一种是真生气，一种是会生气。

娇姐以为，真生气的人，其实是不会生气的人。

为什么这么说呢？因为真生气，无论你因为任何一件事不开心，气到的都是自己，并且如果这个气化解不了，生气还会逐渐升级。第一阶段，生对方的气。你因为对方的某个行为而生气了，但却不说出来，选择自己一个人生闷气。第二个阶段，开始生自己的气。你会忍不住想，我怎么会遇到这样的人啊，一点也不体谅我，净惹我生气，此时生气的氛围已经升级，你已经把错误从对方身上过渡到自己身上；第三阶段，开始生命运的气。此时，你已经开始在心里酝酿，我这个人就是命运不好，才总是碰到这样的人。此时，你不仅把别人的错误归因成自己的不好，甚至归咎于自己命运的不幸。

你看看，这样一件因对方的错误而发生的小事，给你带来了多大的负面影响，更有甚者还可能引发身体疾病。现在很多女性乳腺出问题，不都证明了与长期生闷气郁结于胸有关吗？所以，娇姐认为，跟自己的伴侣生气，真的把自己气个半死，是非常没必要的，也是极其不明智的。

有智慧的女人要了解对方，懂得说话之道，才能够在两性相处中获得幸福。此外，还要懂得利用生气，巧妙地拿捏关系，制定规矩，提高恋爱关系或者婚姻生活的舒适度，让一切朝着自己期望的方向发展。

这就要求你要会恰当生气，而非真的生气。

举个例子，你提前很长时间告诉男朋友你的生日，但那一天时，他不仅没给你准备礼物，甚至完全忘了那天是你的生日。

你肯定会很生气啊，对不对？那这时候，你会怎么办呢？你该怎么办呢？

你会不会傻乎乎地气个半死，信息不回，电话不接，并发誓以后再也不理他了。结果，他压根还没想起来，那天是你的生日啊！你说你这样生气，除了收获一肚子气，还得到了什么呢？什么也没有，对不对？这种生气就是上面说到的真生气！

那么，你肯定会问了，怎么样才是恰当生气呢？别着急，娇姐来告诉你该怎么操作。

第一，你要清晰地意识到，你的男朋友已经把你的生日忘到九霄云外去了，今天肯定是没办法一起度过一个难忘的生日了。但这不代表以后不行。

第二，被忘记生日，你一定会生气，那么我们就利用这次生气，来给男朋友约法三章吧。接下来，你要当面或打电话告诉他，今天是你的生日，第一步先让他意识到他的疏忽，而此时你并没有真的向他发作，而只是有点生气地提醒他，这时候他肯定会因为自己的疏忽感到愧疚，然后你就可以向他提要求并且约法三章了。

你可以这样说："你忘记了我的生日，这让我很难过，不管你的理由是什么，这都让我感觉到你似乎并没有把我放在心上。我相信，你一定有你忘记的原因，但是我现在不想听到任何解释，我只是想和你一起度过一个难忘的生日。"这样一番话，你既表达了自己的感受和诉求，也没有因为生气选择冷暴力或者玩消失种种小把戏，因为你很有分寸，表达得也很真实。这时候，他除了愧疚，还能感受到你的委屈和懂事，不出意外都会满足你的期待。

第三，约法三章。你们一起度过了一个浪漫的生日，虽然是他补给你的，但他很大程度上会因为愧疚而用心准备。等生日结束后，你可以告诉他，希望他以后能够记住每一个节日，因为你希望未来的每一个节日都和他一起度过。

你可以这样说："谢谢你为我补过了生日，我感受到了你的用心，和你一起过生日，让我感到非常幸福。我希望以后每一个节日，我们都能一起过，你都这样让我感觉到幸福，好不好？"

所以，娇姐认为，当你学会说话，懂得了说话之道，你真的就没必要大动肝火。

学会恰当地生气，合理地表达自己的真实感受，告诉对方自己的诉求，提出自己的期待，用对方能接受的平静温和的语气表达出来，就非常完美。

在这里，娇姐忍不住多说一句，女孩子们，我们不仅要学会说话，还要头脑清醒。要分得清楚自己的事、别人的人事和能改变的事，按照这个思路去解决问题，再发挥我们优秀的说话能力，你就能妥妥地过上幸福的生活了。

PART 5

第九章　通过聊天读懂男人心思

盘活聊天氛围

"在聊天过程中，懂得认同、赞美，积极引导对方展开诉说的欲望，并关注对方的情绪，做到以上这几点，你就会告别话题终结者，成为一个会说话的人。"

不知道你是否有过这样的经历：本来和男朋友聊得好好的，突然不知道说了哪句话或者不知道该怎么接话，使得聊天戛然而止，你也成了传说中的话题终结者，在男朋友看来，你也不是一个“会说话”的人。

你有没有发现身边总会有这样女生，她们也许“相貌平平、家境平平、事业平平”，但她们却很懂男生的心思，和男生聊天过程非常流畅，聊天内容又深入人心，整个聊天氛围也是轻松愉快的。

情侣聊天过程中，聊天的内容固然重要，但是想要聊得下去、聊得顺畅、聊得自在，聊天的氛围也是很重要的，所以在聊天时，我们要学会营造轻松愉悦的聊天氛围。

可见，会聊天不是一种感觉，而是一门艺术。

那么，经常把天聊死怎么办？在遇到聊天僵局时，又该怎么盘活聊天氛围呢？我教你四个方法。

第一，聊天过程中的认同感很重要。

在聊天过程中，你总是反驳，对方肯定就不想和你聊了，也就是我们常说的话不投机。所以在聊天过程中，要学会聆听，当对方打开了话匣子，就不要抢台词，学会安心享受，适当地给予回复一下就好。

第二，聊天过程中多赞同对方，多给对方正向的反馈。

对方在讲述的时候，我们在耐心倾听的同时，也要真诚地肯定对方的发言，积极地回应对方，可以从眼神上或者语言上给予对方期待和肯定，比如微微点下头，或者回应“嗯，真对”等，当对方接收到你的认可，他愿意倾吐的内容也会越来越多，聊天自然而然就进行下去了。

第三，聊天过程中要积极引导对方展开诉说的欲望。

当在聊天过程中，你真的觉得没什么聊的了，那么这时候就要学会抛砖引玉，引导对方多参与，把谈话的主导权交给对方，聪明的做法是提出对方感兴趣的问题，一般人对自己感兴趣的问题都很积极，也就会畅所欲言了；或者巧妙地引导对方谈论他们自己，比如在他们讲述的时候，你可以看着对方，一直问他“后来呢”，这样可以有效带动对方的情绪，聊天气氛也会不错的。

第四，聊天过程中关注对方的情绪要高于内容。先认可对方的情绪，有了情感上的共鸣，对方才能听进去你说的话，比如，惹男朋友生气了，他半天没理你。这个时候如果你关注内容，真的不再理他了，那他肯定更生气，如果你关注他的情绪，你说：宝贝，你别生气啊，这事儿肯定也有我的不对。这样这个天儿就不会聊死。

因此想要一场“聊天”聊得下去、聊得顺畅，不做话题终结者，让对方有安全感应该放在第一位，而不是把精力全部放在聊天的内容上。如果对方失去了安全感，激发了他的自我防御系统，聊天就很容易聊崩了。

聊天是一门语言的艺术，上天也会额外眷顾那些“会说话”的人。

分辨高情商和套路王

> 高情商和套路王最核心的区别是真诚。在沟通中，真诚才是最重要的，技巧都是辅助的。

怎样和女生聊天才能聊出感情？这个问题估计困扰着不少男生。那么女生又能通过男生的哪些语言或行为分辨他是高情商还是套路王呢？情商和套路的边界又该如何把控？

首先，我们要明确高情商和套路最核心的区别是真诚，高情商的人不屑于玩套路，但是玩套路的人不一定高情商。所以在沟通中，真诚才是最重要的，技巧是辅助。

接下来，我教大家通过“3 个不同”，来分辨高情商和套路王。

第一，沟通时，用心的不同。

和异性沟通交流时，特别是当异性夸奖你时，高情商的人往往会指出你身上的闪光点，认真地夸你，他的夸奖让你有如沐春风的感觉。惯用套路的人则演绎成分过重，特别在关系还没那么亲近的时候，上来就会说“亲爱的”“你咋这么好看呢”“好喜欢你啊”等生硬刻意的话语，甚至带着那么一点虚伪，令人浑身难受，这就是套路王的典型表现。

第二，沟通时，成分的不同。

套路王跟每个接触到的异性说的话都差不多，比如他和你说，“亲爱的，我从来没有在这么短的时间里，跟一个人交心”“亲爱的，我真的觉得咱俩的脾气秉性特别相投”之类的话，而高情商的人则不会，他不用套路跟人交流，他根据你给他带来的感受来回应你。

第三，沟通时，目标的不同。

套路王的目标是利益，一旦你不能给他带来利益，他就会潇洒地转身离去，去寻找下一个目标。他对一个人的热情程度取决于这个人带给他的利益，甚至他说出的每句话都围绕自身利益，而不是从你的实际情况出发。而高情商的人看中的是你的人品和内心，不是那些浮于表面的东西。

如果你觉得这几个方法掌握起来有难度，那我告诉你一个百试百灵的妙招，再搭配上这“3 个不同”，让你轻而易举地分辨出他们。这个妙招就是时间，时间是检验一个人最好的试金石，一切虚情假意，皆迈不过时间的长河。

姑娘们，在你们的交流中，先不要轻易付出真心，这不是贬低真心和真诚在生活中的重要性，这是一个很现实的问题，真心也好，真诚也罢，它指的是一个人的动机，但是动机作为内心的东西是很难被直接看到的。

愿你在人生路上，不再有如何分辨高情商和套路王的困惑。

通过聊天看透男生

语言是了解一个人的重要方式，平时多用心，就可以通过对方说出来的话，巧妙地洞悉其背后真实的心理。

女生寻找另一半时要慎重，不应仅将眼光停留在男生的物质或容貌等外在条件上，更应该落实到一个人最本质的东西，即性格、教养和学识上，要选择成熟可靠的人，而非稚嫩的人。

很多男生的稚嫩表现在人际交往中的低情商，无法正确解读对方的情绪和想法，还经常给出不靠谱的反应，完全按照自己的感觉做事，也不懂得顾及别人的感觉。

了解一个人的方式有很多，语言是非常重要的一种，判断一个男生与否稚嫩，通过他的聊天方式就能窥见一斑，在这里我给大家简单总结出以下5个细节。

第一，经常做出一副看透一切的姿态。

比如：“别看我年纪小，但是我早就看透了……”那些阅历丰富的古稀老人尚且不敢说自己看透一切，一个二十多岁的年轻人何以张口就说来？这样说只会显得特别浅薄稚嫩。

第二，喜欢点评女孩的妆容和穿搭。

比如：“我觉得你今天的眼影和唇膏有些不搭，你应该用什么样的眼影或唇膏。”试问哪个女生听到男生这样点评自己会开心呢？除非这个男生是化妆师，站在专业的角度来评价，否则随意点评女生的妆容和穿搭，是很不礼貌的。

第三，过度炫耀自己的学识。

聊天时一定要说一些生冷小众的词汇，说完后还会观察女生的反应，当他看到女生闪烁着无辜的大眼睛时，就有满足感。用别人的“不知”去衬托自己的知识渊博，我们管它叫作恋爱中的学识PUA，这种行为其实惹人厌烦而不自知。

第四，聊天过程中，经常用自以为非常性感的眼神直视你。

有些男生在跟女生说话时，自认为眼神超级性感，喜欢直勾勾地盯着人家看，不时闪烁着的眼神仿佛透露出他的内心话：怎么样，我很帅吧！是不是已经被我迷死了！这种行为也会引起女生的反感。

第五，故意用非常夸张的语言或者情绪引起你的注意。

比如，你们一起吃饭，大家正吃着饭呢，他突然拿起手机：“哎，天呀！”你问他：“怎么了，发生什么事了？”他不直接回答问题，继续表现出夸张的情绪，并用夸张的语调说：“这个新闻居然发生了，你知道这件事情吗？”

这种略显夸张的行为或许为了引起他人的注意，或许是为了彰显自己，但不管是哪一种，都表现出心理上的不成熟。

通过男生的表现和说出的话，能帮我们卸掉他的伪装。所以，在日常生活中，我们要多观察，多思考，不要被一些事物的表象迷惑了双眼。

解读相亲后男人发的信息

“

相亲过程中，通过语言、信息，可以解读对方的心思，懂得双方的诉求，让你不错失对的人，也帮助你避免遭遇过分尴尬的场景。

”

当今社会，虽说自由恋爱当前，但相亲作为一种男女相识的方式仍然普遍存在。相较于自由恋爱的随性，通过相亲认识的男女，在相处中多多少少存在一些尴尬。比如，相亲结束后，怎么知道对方的真实想法，是否有进一步发展的意愿？

但这些困惑又不好直接问，其实，我们通过对方给你发的信息，就可以解读出来他的心思，甚至判断出他的为人。

下面，我们逐一解读。

第一，如果对方给你发的信息是："我等你找我。"

这说明这个男人很有自信，他认为他的魅力已经把你折服，他等着你主动找他，甚至可能猜测你对他一见难忘。

第二，如果对方给你发的信息是："到家了吗？很想你。"

这说明对方对你没有多认真，他极有可能是大情种，或者完全拎不清自己。

第三，如果对方给你发的信息是："今晚特别开心，明天咱俩干啥呢？要不去看个电影，或者明天咱俩一起去放风筝。"这样看，他可能对你有好感，想进一步了解你。

第四，如果对方给你发的信息特别有礼貌，有礼有节地说："今天认识你非常开心啊。真是辛苦了，你早点休息啊。"后面附带着一个稍微暧昧一点的小表情，比如，爱心、玫瑰花儿之类的，那么恭喜你，他对你很有好感，并且很重视你们之间的关系。

第五，如果在你们相亲后，对方没有给你发任何信息，要么他是情场老手，要么他没有礼貌，碰到这种情况也大可不必再多了解什么了。

现在的女生都很有主见，如果得不到对方足够的重视，很难赢得她的心！所以，通过相亲认识的男女，相处起来的确需要一些方法。

在相亲中，女生通过信息可以看出对方的心思，但一定不要忘记，你才是这段关系的主导者。

女人要勇于说“不”

> 独立自信的现代女性，要勇于拒绝自己不喜欢的和令自己不舒服的一切人事物，这样才能绽放自我，活得精彩。

做女性成长自媒体六年多来，我见过太多女人因不敢说“不”，让爱情和人生陷入困境、窘境甚至绝境。

面对不幸福的婚姻，不敢说“不”；面对婚姻中的冷暴力，甚至虐待，不敢说“不”；面对别人的无理要求，不敢说“不”；面对职场的不公，不敢说“不”。

她们善良地以为只要不断地说“是”，不断地满足对方，就可以用苦劳换来功劳和尊重；她们天真地以为只要不断地说“是”，不断地忍让和委屈自己，就可以熬过黑暗迎来光明。最后，她们由讨好变成了“讨好型人格”，由奉献变成了“奉献型人格”，从此人微言轻，不再被看到、被听到，她们的诉求、主张，都变得一文不值。

很多关注我的朋友不解地问我：你为什么以这么强势的形象出现，温柔一点不好吗？

其实很简单，我就是想告诉大家，生活需要强者，你们不要去慕强，而是要让自己活成一个强者，活成一个独立自信的人。这样他的付出才会被尊重，他的温柔才有价值。

在婚姻的不幸，恋爱失败时，很多女人往往选择一再退让，唯唯诺诺，总希望能让对方满意。这是一种对自己不负责的行为，一个人在婚姻或恋爱关系中完全失去自我，剩下的只有吃不尽的苦头。

女性在面对婚姻和恋爱的失败时，首先要做的是让自己坚强起来，大胆说“不”，没有负担地把“不”说出口，直言不讳地说“不行”“不同意”“不可以”。这才是对自己负责的表现。如果女人战胜了这种恐惧心理，学会拒绝，懂得及时止损，并且勇敢地去改变。我敢说绝大部分女人会比现在活得更好。

女人自信独立是自强的前提。无论你外貌是否漂亮，是否拥有事业，你都要昂首挺胸地生活。新时代的女性，外表美丽而内心坚强，既洋溢着活力又拥有强大的实力。我们既可以伶俐幽默，又可以锋芒毕露。牡丹虽美，但有人却嫌它张扬俗气；菊花虽雅，但有人却嫌它冷酷骄傲。不做讨好型的人，只有独立自信才是女人最美的“妆容”。

机智应对父母的催婚

父母的催婚虽然方式不当，但是也出于对子女的一片爱。我们也可以利用机智的语言，灵活地来化解，这样就能不破坏其乐融融的家庭氛围。

被父母催婚，这是多数人都经历过的事。虽知道父母是为我们好，但还是会因一遍遍的催促而苦恼。面对这样的情况，大多数人的第一反应就是“烦”。一是，确实不知道该怎么和父母沟通，二是，这的确也是一个难事。但不管从哪个角度来说，都不能选择逃避，或者跟父母吵架。

在这种被催促的、尴尬的处境中，如果不理智应对，也容易让父母生气，影响家庭和谐融洽的氛围。所以，我们还是应该认真地去对待，积极地去面对和解决，这样就不会有这些烦心事了。

那么，我们该怎么有效地应对父母的催婚，避免跟父母吵架呢？我教你几招好不好？

第一，态度要好，不要跟父母太认真。

很多人就是习惯性认真地对待父母的话，无论父母说什么，他都特别往心里去，其实对父母说的某些话没必要太较真，或者你可以转移话题，比如在妈妈唠叨你的时候，你可以说："妈妈，你怎么这么好看呢？"妈妈一开心，催婚的话题就被转移了。

第二，不要试图说服父母或改变父母的想法。

有一句话叫作"听话但不一定照做"。父母让你做什么，你就表达你知道了就好。父母说你赶紧嫁人，你可以回答："我这不是正找着呢吗。"但是你不要告诉他们，你不想嫁人或者暂时单身的原因。对于婚姻，每个人都有自己的看法，每个人的婚恋观不一样，所以做到心中有数就可以了，况且父母对于婚姻的认知根深蒂固，你想在几十分钟内改变他们是不可能的，反而可能会激化矛盾。所以，尽量保持微笑，表示明白父母的一片苦心就好了。

第三，化被动为主动，表现得比父母还积极。

当父母特别生气地催促你、抱怨你不找对象的时候，你可以这样说："妈，我特别想找，我比你都着急，你赶紧帮我张罗介绍啊，我都等不及出去相亲了。让姑妈，姨妈、舅妈都忙起来给我介绍。谁不给我介绍对象，我就跟谁急，快点吧，妈，我都等不及了。”这一招化被动为主动，把找对象的难题推到父母面前，保准他们没脾气，你也为自己赢得了至少片刻的安宁。

第四，多干活，少聊心灵天儿。

每逢过年阖家团圆的时候，有些人总想跟父母聊聊心灵天儿，其实聊得深的话，一定有观点的冲突，认知的碰撞，少不了争论。所以，你就开开心心的，大过年的图个乐呵就好了，不要聊得那么深，也没有什么事一定要当下就解决的。

第五，多想父母的好，少想父母的不好。

其实，当父母训你、唠叨你的时候，你多想想他们的好，可能就不那么在意了。不管怎么样，父母总是为了你着想的，他们最希望你幸福，也是你永远的避风港。

从表面来看，父母的催婚或许给你带来了不少压力，但从某种角度来看，也是他们爱你的表现。希望有着被催婚经历的人，不管你遇到了什么样的情况，要积极地去面对，不要灰心丧气。

作为子女的我们，在面对催婚时，也需要做出一些改变，用好上面的 5 个妙招，就能巧妙地解决好被催婚的难题。

PART 6
彩蛋篇

PART 6

第十章　“社恐”的应急小抄

不小心惹怒上司后，该怎么办？

> 惹上司生气后，要学会当众道歉，懂得服软示弱，积极地去戴错立功，并学会赞美，这样自然就能大事化小小事化了了。

眼看着项目不能如期上线，周五项目经理明确通知本周末全员加班，结果周六时，其他成员都按时来公司了，就你没来，你不仅没来加班，甚至也没提前请假。周六一整天，虽然你没到公司，但工作群里却消息不停，好多人找你解决问题，而你也不得不远程协助。

尽管如此，项目经理还是非常生气。

周一上班，项目经理直言不讳地告诉你：如果周末有事来不了，你可以提前请假，你既不来也不请假，完全无视我的工作安排。你到底是怎么想的，你这是什么工作态度？

你之所以这样做，或许是不能接受周末加班，但也确实惹怒了上司。

在职场中，如果惹怒了上司，将会影响办公室的工作氛围，甚至工作进度也会受影响。所以，作为一个下属，不小心惹怒上司后，必须即刻做出行动，积极地解决问题，万不可期待靠时间慢慢淡化。

那么，我们具体该怎么做？怎样才能够挽回局面呢？

别担心，娇姐教给大家几招，无论你遇上哪种情况，都可以打破被动局面。

第一招，当众道歉。

为什么要当众道歉呢？当你把道歉公开化，不论是同事，还是平行部门的上司，都知道你很识相地主动道歉了。正所谓“宰相肚里能撑船”，你已经主动道歉，上司迫于情面也会选择平息怒火，就此作罢。如果他仍对你不依不饶，会显得度量不够，影响他在公司的形象。所以，一般说来，他就不会再追究什么了。

第二招，态度要学乖，懂得示弱和服从。

惹怒上司后，有的人由于不懂得如何向上沟通解决问题缓和关系；有的人则干脆意气用事，趁机将对上司积攒的抱怨情绪，一起宣泄出来。

这两种情况让人产生一种“破罐子破摔”的心态，不仅不努力去修复关系，反倒跟上司较起劲来。这样做非常不可取，是极其不成熟、不理智的举动。

正确的做法是，懂得自我反省，学会示弱和服从，主动积极地沟通。上司发发牢骚或者冲你发发脾气，你就乖乖听着，等他情绪纾解了，看你表现得这么诚恳，这事也会随之烟消云散了。

况且，你态度极其恳切，千错万错地主动承认错误，面对如此局面，上司可能都不好意思对你发火了，毕竟人是情感动物，将心比心，你至诚恳切，上司自然能感受得到。

第三招，戴错立功。

你不是惹上司生气了吗？如果你不能自如地运用说话的艺术，那你可以去解决工作上的难题，帮上司排忧解难，攻克难关，同样能让上司刮目相看。上司会认为，你这个人虽然说话水平欠佳，但能力突出，同样也会认可你的。

职场是微型社会，在职场中要学会积极沟通，主动解决问题。

用说话解决问题，是成本最小、成效最好的方式，我们何乐不为呢？

上司向你表达关心时，你会怎么回答？

> 对上司的关心要表示感谢，并尽量让这件事与他产生关系，这样能和上司之间建立良性沟通。

面对上司突如其来的关怀问候，你会怎么回答？

产品即将封板上线，整个项目组加班加点一起奋战，这一天你又点灯熬油到晚上九点半，项目终于如期上线了。正当你和组员深感疲惫，这时上司走过来，拍拍你的肩膀说了一句："××，你辛苦了！"你该怎么回答？

你是不是会这样回答，说："唉，没事没事，不辛苦，这是我应该做的。"如果紧接着上司再问候你几句，你基本上就接不上话了。

我相信，这种过于客气的回答，并非你的真心话，而且这样的回答，不能让上司对项目有详细的了解，也不能加深他对你的认识。通常我把这种没有增进互动的回复，称为无效表达。

在职场中，每次跟上司对话，都是一次自我展示的机会。通过回答上司的问题，让上司对你有印象，增加他对你的认识，或者单纯地创造出舒适轻松的对话氛围，这都是有效的表达，都是你的加分项。

职场中的人都应该意识到这一点，这对顺利开展工作，得到上司的赏识，得到提拔等极其有利。

回到上面的问题，当上司对你说，“××，你辛苦了！”我们应该怎么回答呢？

我觉得针对不同类型的上司，回复应该有所不同。

如果是标准型的上司，那你可以这样回答说：“谢谢您的关心啊，我学到了很多东西，如果有哪些地方做得不够好，希望您能够批评指正。”

如果是严格型的上司，你就说：“唉，没事儿，这点辛苦真的不算什么，我就担心，工作做不好，让您操心。”

如果是一个温和型或朋友型的上司，怎么回复呢？

“哎，没事，您看这不都是应该做的吗？您这么说是要请我们吃大餐吗？”

你看这个关系是不是变得更亲近了，像朋友一样，对不对？

无论哪种情况，当上司向你表达关心问候时，我们要记住以下几点。

首先，要对上司的关心问候表示感谢；

其次，表达自己对所询问事件的态度；

最后，让上司询问的这件事或你完成的这件事和上司产生关系。

尤其最后一点，非常关键且重要，表达得好能够跟上司之间建立正面良性的沟通。

在职场和生活中，说话真的是一种艺术。会说话的人，通常具有极高情商和极佳的反应能力，他们往往能够抓住身边的机会。

上司唱歌你切了歌，怎么才能化解尴尬？

“

说话是优势，会接话才是本事，话接得好，会显得一个人低调内敛又有趣。

”

周末在家刷剧，看到一个特别尴尬的场景：

公司组织团建，一行人驱车来到郊区湖心小岛，在青山绿水间烤羊排、围炉夜话吃烧烤，一个个无不开心。吃饱喝足之后，就进入了唱歌环节，张总率先垂范，一首“真心英雄”正唱得如痴如醉，同事们一起起哄，气氛烘托得刚刚好，这时候有个人不小心按了切歌，一时间一切仿佛被按下了暂停键。

最怕空气突然变得安静，这种大型社死现场就这么突如其来地降临了，几十双眼睛一起看向了他，仿佛都在询问：“嗯？发生什么事了？”

这时候有个同事突然说：“张总唱得好好的，你咋还给切歌了呢？”只见那个可怜的家伙一副犯了错的样子，一时间竟然一句话也说不出来。

看得我都急死了，莫说是经理，就是朋友唱歌时，你一不小心错按了切歌，他也得冲你叫嚣。

这个尴尬场景成功地勾起了我的好胜心，让我不禁仔细思考了一番。我认为遇到这种情况，切忌太过认真，你可以这样，先假装不知道，然后说，“张总您唱的啊，嗐，我还以为是原唱呢，你看我这光顾着给大家排歌单了，都没抬头看。我还想这怎么原唱半天也没人唱，我就给切歌了。张总，您这唱得太好了，您是被职场给耽误的歌星啊！”

这么多人在场，只要能幽默地接住话，紧张尴尬的氛围就能得到缓解，没准上司一听哈哈一乐，也就轻松化解了。接下来，你再给他重新点一首，让他继续未尽之兴，这事也就过去了。

我想说，恰当地赞美他人，在任何场景下都不会出错。上述的接话，主要目的是解释自己切歌的原因，实则对上司的歌喉大加赞美了一番。这样在自己犯下无伤大雅的失误时，第一时间说出照顾对方感受的话语，用樊登老师的话说着是“自尊的按摩”，充分安抚对方的情绪后，气氛就会随之缓和。

所以，面对这种尴尬场景，首先内心要淡定，不要有太大压力，更无须害怕。只要话接得好，完全可以轻松化解。

面试官问你期待的薪水时，该怎么说？

> 和面试官谈薪资时，切记不要直接说出你期望的真实的薪资，而是给出一个你可以接受的薪资范围，给双方留出可以回旋的余地。

我的后台，收到过许多小伙伴的求助，他们都不约而同地向我咨询：当面试官问到期待的薪水时，不知道该怎么说。

当你过关斩将，到达面试的最后一轮时，一定会被面试官问到这个问题。此时，我们自然期待得到更高的薪水，但又担心说得过高，企业不愿意承担，就此错过一个工作机会；如果说得太低，自己又不乐意，毕竟没几个人会接受降薪跳槽，除非你另有打算。相信这是年轻人找工作时，无可回避的一个问题。

谈薪资时，就是和对方博弈的过程。那当我们面临这个提问时，应该怎么接话，才能抓住难得的工作机会，并进一步拿到自己期待中的薪资呢?

这里又要提到接话的艺术了！在一些重要时刻，你需要巧妙地接话、回话，既表达出自己的诉求，同时给彼此留出回旋的余地。

在这里，我给大家两点建议。

第一，记住请不要直接说出你期望的真实的薪资。

通常面试到最后一轮，已经说明公司对你基本情况和能力的承认，剩下要考量的就是你的薪资要求了。如果你的薪资期待超出他们人力成本预算，他们极有可能会退而求其次，或者重新开启招聘，而你也会因此错失工作机会。

第二，建议你给出一个可接受的薪资范围。

所给出的最低范围是你能接受的最低薪水，比方说，你能接受的薪水最低标准是一万元一个月，就可以这么说，“我能够接受的薪水范围是一万元到一万五千元每个月”。

接下来，你还要给出一个理由，“因为我在上家公司的薪水就已经达到了一万元每个月，我跳槽是期望薪资能够有所提高。”

我为什么会要到一个月一万五千元呢?接着给出你的理由，“因为我曾经参与过 ×× 项目、做出过 ×× 成绩，得到过 ×× 奖励，我过往的成绩可以证明我的能力值得拿到这个薪资。另外，这一段时间里，我又学习了相关技能，考取了 ×× 资质，我的业务能力有所提高，以上这些充分证明了我的价值和能力。”

最后，还要给面试官一个可回旋的空间，你可以这样说：“当然我也知道贵公司的薪酬体系，而且现在正值疫情的特殊时期，所以如果这个薪资跟我的期待有出入的话，也在情理之中，只要不是差得太多，我也是可以考虑的。”

这样的表达既表达了你的诉求，也表明了你的态度，如果你的薪资期待真的超出对方的人力成本，他们也会再做考量。

最后，我还有一点小小的建议，可能对你面试时提高薪水有所助益，那就是注意自我的形象和着装打扮。

在能力范围内把自己收拾得尽量得体，身上带一点淡淡的香气。

不管你是男士还是女士，整洁得体的形象和淡淡的香气，会让面试官感觉到，你是一个有品位，对生活有追求，而一个对生活有要求的人，在工作当中也不会太差。

在洗手间碰到上司，怎样打招呼更得体?

“

洗手间是一个相对私密的空间，在那里少了一些隔阂，多了些平易近人。利用好话术，会是一个和上司拉近关系的好机会。

”

在职场中，有一个相对尴尬的场景，就是洗手间。

我们难免会在洗手间里碰到上司，如果在洗手间碰到上司要不要打招呼，该怎么打招呼呢?

说到这个话题，我想起实习时的一件事。

有一天，我刚用完厕所，推开门正好看见我的上司，我们俩迎面就碰上了。一时间，她也没立刻就去上厕所，转而随着我一起站在洗手池边，我一边洗手，她一边看着我，尴尬的气氛瞬间充斥在我们之间。我想，大概她也感受到了那种氛围，所以突然开始询问我的工作进度，于是，我在洗手池旁，对着镜子，一面洗手一面向上司汇报工作。我记得，我绞尽脑汁地汇报完，她也没说出什么，而是着急忙慌地转身去上厕所了。

如今十多年过去了，这尴尬的一幕，一直记在我的脑海里。

直到我开始做自媒体，在后台收到了一些网友的私信留言，询问同样的问题，我才想起来可以说说这个话题了。

我觉得还是要打招呼，因为你跟上司毕竟认识，无意间碰到了装作不认识，那岂不是很尴尬。

在洗手间相遇，碰面的时间通常不会太长，你可以根据你和上司一同待在洗手间的时间，来决定所展开的话题。

情况一：你们在洗手间门口碰面，时间短暂，一个人进一个人出。那么你简短地打声招呼，很快擦身而过就可以了。

情况二：你正在排队如厕，你的上司走进来了，站到了你身后。那么你可以这样说出：“林总，您来啦？您工作忙，您先来吧，我不着急。”这样开场，你就能打破尴尬的气氛。如果排队等待的时间有点长，上司主动跟你聊，你自然地接住话题就行。

情况三：你刚如厕完毕出来，刚好碰到你的上司进来，就像上面我遇到的情况一样。这时候，你可以微笑着说：“林总，你好！这么巧呀？”

情况四：你们两个人同时在洗手，你们之间交集的时间相对较长。这时候你就可以适当地夸奖对方，比方夸奖对方皮肤状态好、发型干练、身材棒、着装打扮有品位，鞋子漂亮，甚至眉毛、眼线画得灵动，口红颜色选得好等等。

巧妙入微的夸奖话术，既能体现你对细节的观察又不会显得夸张。下面我准备了一些基本赞美话术，希望对你有所帮助或启发。

你可以这样说 ：“林总，您的发型非常适合您，显得既干练又时尚，真好看！您的审美水准真高，我每次都遇不到适合我的发型师。”

“林总，您最近是不是又瘦了，穿这身衣服衬托得身材非常好！您对自己要求真高，果然做老板的人都跟一般人不一样！”

“林总，您的口红真好看啊，涂上之后衬得肤色很白皙，看着也很低调，您真是太会选了，能推荐给我吗？我也想买一支。”

“林总，您这双鞋子的款式很独特，很有设计感，既时尚又简约，低调中带着贵气。您的审美品位真好啊！”

每个人都极其在意自己，哪怕是一个微不足道的细节被别人关注到，都会非常开心，如果再收获真心的赞美，那心情简直不要太好。

其实，洗手间是一个相对私密的空间，和家里的卧室一样，少了一些隔阂，多了些平易近人。在这个相对放松的环境当中，你们俩不会特别严肃，会有点像朋友，说话得当，会是一个和上司拉近关系的好机会，也是一个特别的向上社交的场合。

66

99

开会走神时上司询问你的看法，该怎么回答？

> 开会走神被逮到时，信念感特别重要，然后就是要认真地表达自己的工作态度，保证能够跟上上司的步伐，给上司一个满意的保证。

每周五的部门例会上，上司正意气风发地讲解新项目，在座的下属有的人在认真听讲，有的人则昏昏欲睡或者百无聊赖，你更是神游天外，不知不觉地想到，晚上到底是去吃重庆火锅还是去尝尝新开的那家巫山烤鱼？思索再三，你一时也难以抉择。好巧不巧，就在这时，不知道上司是注意到你思考得太认真，还是发现了你正在走神儿，突然叫到了你的名字，询问你对这个项目的想法。

同事们可能也看出来了，有的人甚至会忍不住暗笑，“你小子在这儿偷懒呢。”而此时，你脑子里一片空白，根本没听进去刚才上司都讲了些什么，还必须得说出来点什么，面对这种尴尬场景，你说，你该怎么回答？

首先，请你一定相信我，上司这个时候提问到你，大概率已经看出你在走神了。在这种情况下，你最好不要辩解什么，也不要解释什么，而是应该迅速调整状态，让自己一秒进入工作模式。

首先，信念感特别重要，你一定不能心虚。

即便你真的正在走神时，被上司发现了，你在心里也要保持淡定，相信上司并没有认为你在走神，只是无意间提问到了你，你必须有这样的心理建设。

其次，做正在认真思考状。

你知道微表情的微转换吗？这个时候，你要迅速从走神状态中抽离回来，把你的微表情也从双目呆滞，转换成认真思考，然后你要在思考的表情状态下淡定地发言。

最后，你的表达可以没有内容，但一定要传达出态度。

因为走神，你可能没听进去上司都说了什么，所以更不可能说建设性意见或想法，但是你却可以传达你的工作态度。

你可以这样说：“我觉得大家都说得很全面了，我没有什么补充，也没有什么意见。我在这里表态，我完全服从公司的工作安排，坚决执行，绝不走样，保证完成任务。”

上司听后会认为，你虽然没说出什么想法，但知错能改态度很端正，可能就不会跟你计较了。

在职场上，开会时偶尔走个神儿也在所难免，但你的工作态度必须端正，对待工作必须严肃认真，一丝不苟。

闺密在你男朋友面前提你的前任，该如何应对？

“

面对闺密的不怀好意，必须不能忍气吞声，要心平气和地回怼回去，并且与之划清界限。对我们不怀好意的人，不喜欢我们的人，不要把他们请进我们的生命里来。

”

那天，跟我一个会员在餐厅吃饭时，隔壁桌一个女孩和她男朋友以及闺密，三个人一起吃饭，用餐间隙我听到了这么一番对话，女孩的闺密神秘兮兮地对女孩的男朋友说：“哎，你知道吗？当时她男朋友还不是你，哎哟，她对她那个前男朋友可好了，可比对你好太多了，但到最后还是让人给骗了。呵呵……”

哎，这种人你说可不可恨，你明明把她当朋友，可她还会当众揭你的短、爆你的料，这种人就送她俩字“小人”。

生活中，总有一些人，喜欢把毒舌当作有趣，把揭短当作幽默，真的很过分。

这种“朋友”在生活中很常见，很多人都遇到过这种情况，干吃哑巴亏或被气得半死也不能解气回怼。你就说这种情况，你想不想立刻怼回去，好好出一口恶气。娇姐认为对这种人的容忍就是纵容，你的善良一定要带点锋芒。

你要给她上一课，但记住这个时候千万别动怒，你动怒的话：第一，你现在的男朋友会觉得你认真了，他还有可能因为闺密说的话真怀疑你；第二，他会觉得你心胸怎么这么小啊，还跟个小泼妇似的；第三，居心不良的闺密也很有可能和你死磕到底，最后谁都下不来台，所以最好别这么干。

但是这个事，肯定不能忍气吞声，就算你当下闷声不发作，估计晚上回去都睡不着觉，什么时候想起来都给气个半死。

那碰到这种情况，该怎么做呢？娇姐教你怎么回怼，直接把她“打”得满地找牙。

你可以这样说：“亲爱的，你说的特别对，我就是总是被骗，我被骗就是因为我太善良，总是轻信别人，随便把人当朋友，想想咱们俩相处的时间不短，我对你好像也不薄，所以我根本不知道你今天说这些到底是什么目的，你要是想搅黄我的爱情呢，我告诉你不可能；你要是喜欢他呢，你可以跟我公平竞争；你要就是见不得我好，那你可能会失望。其实你知道吗？之前有很多人都跟我说过，你这个人心眼不好，让我提防着你，不要跟你做朋友，但我念着咱俩的友情，我总是把你想得很好，直到今天，你当着我男朋友的面，说出这一番话，我才明白，原来在你心里，咱俩从来都不是朋友。对，我是被那个人骗了，但是我这个人记性好，吃一堑长一智，我至少不会再被你骗。你现在可以走了。”

说完这番话，你就立刻让她走，她要死皮赖脸地不走，那你俩就起身离开，留她一个人在那买单就得了。

这个操作方式行云流水，一番话回击回去，郁结在你心口的闷气肯定能出大半，对不对？掌握好这个思路，首先我们不能动怒，也绝不能仅仅处在防御的位置，要懂得用话语反击回去，不吃哑巴亏。

用火力对火力的正面交锋，往往需要反击者具备出色的语言能力，用暗讽给予对方一定的回击，才能够让她的气焰受挫，让她不再那么嚣张，这一次把她“打”得痛痛快快，估计她以后也不敢随便揭别人的短了。

交朋友这件事，结交一个好朋友当然是一件幸运的事，结交一个不好的朋友就是一件自讨苦吃的麻烦事。记住丽娇姐这句话：交心越慢越好，绝交越快越好。

66

99